儲かる会社のつくり方大全

上嶋 悟 著

セルバ出版

はじめに

魚が釣れる考え方を身につけてほしい

老子の格言で、『授人以魚 不如授人以漁』という言葉があります。

これは、「魚を与えるのではなく、魚の釣り方を教えるべきだ」という意味です。

いま現在の状況を短期的に改善するだけでは意味がなく、本当に問題を改善したいのであれば、長期的な視点を持って根本的な部分を改善する必要があるのです。

ただ、日々コンサルタント業をしていると「人は釣り方を教えてもその通りにやらない」とも感じています。独自の解釈をする人もいますし、環境も時代も違うので、やり方を教えても再現性は低いものなのです。さらに現代は、時代の変化が早く、成功方法が陳腐化するのも早くなっています。

では、どうしたら成功できるようになるのでしょうか。

本書は、「魚を与えるのではなく、魚の釣り方を教えるのでもなく、魚が釣れる考え方を身につけてほしい」という想いで執筆いたしました。

考え方の重要性についてのマザー・テレサの有名な名言ですが、
思考に気をつけなさい、それは、いつか言葉になるから。

言葉に気をつけなさい、それは、いつか行動になるから。

行動に気をつけなさい、それは、いつか習慣になるから。

習慣に気をつけなさい、それは、いつか性格になるから。

性格に気をつけなさい、それは、いつか運命になるから。

考え方が変わらなければ、行動だけを直そうとしてもあまり変化はありません。マザー・テレサが、もっとも大切にしていることは、行動の引き金になる思考(考え方)だと思います。最初の考え方が間違っていれば、それが、言葉となり、行動に移り、自分の習慣、性格、さらには、運命までも左右することになります。

すべては考え方から始めます。

本書では、環境や時代が変わっても変わらない、考え方の基本を、多くの実例をもとに紹介しています。ビジネス書を読んで満足して終わりにするのではなく、実行して結果が出るところまで、行動に移していただければ幸いです。

コンサルティングをしていると、ビジネスをスケールさせる（拡大する、設ける）場合に、よく経営者がつまずく箇所があります。それは「いいアイデア、よい商品、つまりクオリティにこだわってしまうこと」です。

クオリティにこだわるのはよいことですが、あまりにクオリティにこだわる職人気質では、ビジネスは広がりません。

数多くの人に商品やサービスを届けたければ、まず、職人組織から会社組織にすることが不可欠です。

そのために必要になるのが「量産化・教育・ステージ」という3つの考え方です。

いいアイデアよりも、「量産化」できる商品

そもそもビジネスは、量産化ともいえます。

量産化とは、いつでも、どこでも、誰にでも、扱えるようにすることです。

「いいものが売れるのではなく、売れるものがいいものだ」という考え方ともいえます。

それでもビジネスをはじめると、多くの人はクオリティを上げる専門家へと向かってしまいます。

でも、じつは「売れる商品」とはいい商品ではなく、誰でも使えることが重要なのです。

「いいアイデアが浮かんだから、商品化すれば売れるはずだ」と考える経営者はとても多いのですが、素晴らしい商品アイデアよりも、誰にでも使えることのほうが、「売れる」ためには重要です。

スマートフォンは誰でもインターネットを使えるようにしたことで売れました。Ｗｉｎｄｏｗｓは誰でもパソコンを使えるようにし、任天堂の家庭用ゲーム機は、パソコンゲームしかなかった時代に、家で誰でもゲームをできるようにしました。また、マクドナルドは誰でも商品をつくれるようにしたから売れたのです。産業革命も、誰でも同じものを使えるようにすることで物が売れ、大きくなっていきました。

このように、ビジネスを大きくする考え方は、誰でも使えるようにすること、「量産化」という

考え方が不可欠なのです。

いい商品よりも、「教育」

量産化に必要なものは教育です。

いい商品ができれば、多くの人に認められ、受け入れられ、たくさん売れると思いがちです。ですが、いい商品だから売れるとは限りません。いい商品をたくさん売るのに必要なのは、じつは商品力より、その商品を扱う人への教育です。

教育に資金と時間を投資してシステムをつくり、安全で平等である環境が、誰でも成長できる可能性を広げます。たとえば、すごく美味しいラーメン屋さんより、そこそこ美味しくて、接客のよいラーメン屋さんのほうが、お店の数が広がりやすいものです。

実際、フランチャイズに成功しているお店は、品質の追求よりサービス提供の品質の向上、つまり教育を重視しています。

いいアイデアを活かすために必要なのは、商品よりも教育なのです。

そして、教育も誰にでも教えられ、誰にでも習得できるシステムをつくることで、「量産化」することが可能です。

現在でも、「教育はお金を生み出さない業務だ」とばかりに、社員教育にはお金も時間も使わず、見て覚えろ、もしくは先輩が無償で教えるものという古い体質の会社も少なくありません。

でも本来は、早く一人前になればマネタイズが早くなり、長期的に考えると会社にメリットが大きいものなのです。

安全が確保され、一定レベルの教育が受けられて、正当な評価をされること。

国も、会社も同じです、発展させるために教育に力を注いでいきましょう。

いい教育に、必要な「ステージ」の考え方

教育を行き渡らせるために必要なのがステージ分けです。

その人の能力や個性を考えず、丸い穴に、四角いブロックを入れるような、型にはめた教育が多いのが現状です。でも、魚に木を登るよう強要してはいけません。そうではなく、その人の能力を発揮させること、発揮させる環境をよくすることが大切です。

教育の勘違いでよくあるのが、

(1) 自分の価値観を相手に押しつけること

(2) レベルの違う人、特性の合わない人に一律で同じ教育をしてしまうこと

親も社長も先輩もその立場になったとき、なぜか自分の価値観が正しいと信じて、後輩や子供に押しつけてしまいます。

しかし昔といまは時代背景も環境も違うので、昔、身につけた価値観は現代の価値観には合わなくなっています。パソコンでたとえるなら、先輩・親・教師が古いＷｉｎｄｏｗｓで、後輩や子ど

も、生徒が最新のＷｉｎｄｏｗｓ。それほど「俺の若い頃の成功方法」はすでに劣化して、時代遅れになっていると心得ましょう。

現代は多様化が進み、価値観もさまざまになった分、個性に合った教育が必要です。

そのために必要なのは、その人がどのステージにいるのか見極めることです。

わたしの知人の予備校教師は、学生1人ひとりのレベルに合った参考書や問題集選びが重要だと言います。予備校が学力や目的別にクラスを選択するように、社員教育でもステージ分けは必要です。

レベルの違うことや大きすぎる目標は、挫折一直線です。

まず、ステージ分けをしてから、商品づくり、教育をしましょう。

「量産化」
←
「教育」
←
「ステージ」

この順番で考えを構成すると、ブレイクスルーは早くなります。

量産化というと、早く安く大量にというイメージを持つ方もいるかもしれませんが、そうではなく、「特定の誰かにしかできないことを、誰にでもできるようにすること」です。

モノにフォーカスしただけの量産化は参入障壁が低くなり、やがてコモディティ化して価値がなくなります。高級食パンチェーンが一気に拡大し、すでに縮小したのも最近の話です。モノやサービスがあふれる時代だからこそ、「モノより体験」に価値があります。あなたの商品やサービスを量産化し、より多くの人に届けて、どんな体験をしてもらうのか?

量産化をするのに大切な考え方が、モノではなく形のないものに価値を持たせるということです。すると参入障壁が高くなり、競合しても負けにくくなります。また、Dysonが「羽根のない扇風機」を発表しましたが、東芝（当時の社名は東京芝浦電気）が1981年に同様のものを考案していました。しかし東芝はこのアイデアを製品化しなかったのです。

どんないいアイデアも、誰にでも使えるようにしないと、大きなビジネスにはなりません。

時代の変化が速い現代において、早く多くの人に届けることが価値です。

あなたの会社のビジネスやサービスで多くの人をしあわせにして、皆で望む人生を手に入れましょう。

2023年6月

上嶋　悟

儲かる会社のつくり方大全　目次

第1章　量産化のメリットとは

第2章 職人から経営者へ、考え方を変える

第3章　成功例を真似て量産化する

第4章 「教育」を量産化する

第5章 組織を大きくするしくみをつくる

第1章　量産化のメリットとは

1　なぜ、いま量産化が必要なのか？

量産化のメリットの1つは「早さ」

時代の変化が速い現代は、「時短」が高い価値を持っています。

時間を短縮しないと、たくさんの情報を処理しきれないのです。

量産化とはたくさんの量を扱う技術です。

その最大のメリットは、早く製造、早く習得、早く販売開始ができることでしょう。

この世のすべてのものは、「時間を買っている」と言っても過言ではありません。

その大切な時間を効率的に処理する方法が、量産化なのです。

つまり、「ビジネス化＝量産化」と言ってもいいでしょう。

職人から経営者になるには、たくさんの人に届けること。儲かる会社やビジネスを大きくするのに量産化は欠かせません。

そして、量産化を考えたときに欠かせないことが、個人や環境の特徴に分けて考えるための「ステージ分け」です。たとえば、
10人のビジネスと1000人のビジネスでは、するべきことも取り組み方も変わります。

それでも人は、大きく成功しているほうに目を向けてしまいがちではないでしょうか。

たとえば、個人のネットショップがＡｍａｚｏｎを参考にしようとリサーチしても、真似はできないと想像がつきます。

10人のときには10人で行うべきことがあり、１０００人のときは１０００人で行うべきことがあるのです。

・いま自分がどこにいるのか？
・そこで何をするべきか？
・さらにどのステージに行きたいのか？
・どのステージに向かっているのか？

ここをしっかり確認しましょう。

それだけでなく、

・お客様がどのステージにいるのか？
・お客様はどのステージに向かいたいのか？
・どんなステップでステージアップしていけばいいのか？
・成功や目的達成したあとはどうなるのか？

を考えることも、重要です。

このように個人や環境のステージを理解して、そのステージに合わせた手法、ステージアップの手順となる、規格化・標準化・量産化、そして量産化を成功させる教育のしくみをつくりましょう。

2　すべてのものは、「量産化」へ移行していく

物事の「成長過程」は似ている

ひと口に「量産化」といっても、どのようにビジネスに適用するのかをイメージするのは難しいものです。ビジネスに限らず、物事は成長過程で同じ経路をたどる傾向があるため、ここからは、過去の具体例をご紹介しながら、お話ししていきましょう。

1つ目の例はメディアです。

これまで、メディアは「文字→音声→映像」と変化してきています。

●情報発信のプラットフォームの成長過程

新聞（文字）→ラジオ（音声）→テレビ（映像）

●個人の情報発信ツールの成長過程

ブログ（文字）→Ｉｎｓｔａｇｒａｍ（画像）→ＴｉｋＴｏｋ（動画）

時代が変わっても、情報量が少ないものから多いものへと変わる経路は同じです。

さらに情報が多くなると、多くの情報を素早く処理できる方法の需要が高まります。

このように、物事の成長過程の経路は、とても似通っているものなのです。

これはメディアだけでなく、製造物も同じことが言えます。

「ハンドメイドの一点モノ→オーダーメイドの高級品→量産化された汎用品」というように、生産量の少ないものから多いほうへと進んできています。

このことから、すべてのモノは、「誰でも簡単に使える」ように向かっていくということがわかりますね。モノも情報も、よりたくさんの人に届けられる方向へ向かっているのです。

量産化するには、しくみが必要

量産化と正反対のものが、一点モノのハンドメイドです。

大勢の人に広く届けるためには、「誰にでもできる」「便利なもの」を規格化（標準化）し量産化できるように考える必要があります。

ハンドメイドはそのしくみ上、量産に移行できないビジネスモデルなのです。

量産化できるモノは、最初から量産化するためのしくみで設計されています。

ですから、そのしくみをつくる「量産化」ができるとビジネスになるのです。

歴史を振り返っても、多くのモノがこの成長過程の道をたどりながら進化してきました。

たとえば「産業革命」も、同じように説明ができます。

かつては、モノの多くは手工業によって生産されていましたが、現代では、工場で機械化され、大量生産されるようになりました。これによって、品質のいいモノが多くの人に届くようになっています。

産業革命の成長過程では、

家内制手工業↓工場制手工業

という変化が起こりました。

多くの人の手に届くようになると、ビジネスチャンスは広がっていきます。

これは、歴史からみても明らかですね。

一方、大衆的でないモノは、あまりビジネス向きではありません。

たとえばロケットは、国家としてはビッグプロジェクトになりますが、一般向けのビジネスにはなりません。特殊な材料を使いオーダーメイドでつくられるため、高額で、限られた人しか乗れないものだからです。いわば、国家版の家内制手工業のようなもので、現状、実際に乗れるのは一部の富裕層だけでしょう。

いずれオーダーメイドから量産化されたパーツで生産できるようになれば、価格が下がり、誰でもつくれるようになって、誰でも宇宙旅行へ行けるようになります。

そうなれば、大きなビジネスになるかもしれませんね。

いまは一般的になった自動車やテレビなども、最初はとても高価で一部の人だけのものでした。世の中にはじめて登場するモノは、まず高級品からはじまります。それが、量産化できるようになり、価格が下がると、一般にも普及するのです。

多くの人をターゲットにしたビジネスにしたければ、規格化・量産化を考えていきましょう。

たとえばスマートフォンも、インターネットの量産化に成功したから、これだけ広く普及しました。スマートフォンが登場する前は、インターネットを使うには、インターネット契約をして、パソコンを購入しなければいけませんでした。

それが、スマートフォンがあれば「いつでも、どこでも、誰でも」簡単にネットにアクセスできるようになったのです。まさにインターネットの量産化と言えますね。

量産化が容易になり、多くの人の手に届くようになればなるほど、ターゲット層が増え、大きなビジネスチャンスが生まれます。

まだ量産化されていないものがあれば、これから大きなビジネスになり得るのです。

一部の人にしか扱えないものがあれば、それを誰にでも使えるようにするにはどうすればいいのか？　それがビジネスの種になります。

3　職人気質のままでは、量産化はできない

ビジネスを大きくするなら、量産化を頭に入れておく

多くの人がビジネスを成長させられない理由は、職人思考が強く、技術や品質を追求し、人の能力に頼るからです。

品質を追求したがるのは、日本人の特性かもしれません。

これは、日本が農業国家だったため、毎年、品質を高める努力をすれば収穫量が上がる経験を繰り返してきたからかもしれません。

でも、いまもなお職人思考から経営者思考に移行できず、ビジネスを大きくできない起業家が大勢いるのです。

欧米は狩猟民族だったため、同じことをすると動物が学習してしまい、獲物を獲得しにくくなります。手順や獲得方法の工夫や改良することでうまくいくという経験を重ねた結果、創意工夫する分野が得意になっていったのかもしれません。

家内制手工業から工場制手工業の考え方に移行できると、会社はより大きく成長していきます。

そもそも起業する人は、その仕事が好きな分、品質を追求したくなる傾向があるのですが、ビジネスにしようと思うなら、職人思考を捨てて、手順を規格化し、誰にでもできるようにする量産化が必要です。そうすることで、ビジネスを広げ、継続して長く続けられるようになります。

また、手順を規格化することで、部分的にも全体にしても、譲渡しやすくなるでしょう。

ひとりへの依存度が下がり多人数で支える構造体になるため、会社を譲渡する選択肢が増えることは、会社を長く存続させるためにも好都合です。

まずはスモールビジネスからはじめ、うまくいくようになったら形を整えていくのがおすすめです。

ただ、家内制手工業から工場制手工業に移行するのは、構造から変更する必要があるので、難易度が高くなります。

ですから、スモールビジネスの段階から、大きくなることを想定してビジネスモデルをつくることを意識しておいてください。

最初に成長できる構造をつくっておかないと、あるところで拡張に限界を迎えます。

ですから、将来的にビジネスを大きくしたい場合は、はじめから大きくなったときのことを想定してビジネス設計をつくることが欠かせません。

これは、歴史を振り返ったときに多くのビジネスが証明しています。

どのような分野の会社でも、同じ道をたどって成長していくものなのです。

4　ファッション業界で起きた「量産化」とは

量産化で既製服が普及していった

オートクチュール（高級仕立服）という言葉は聞いたことがあるでしょうか。

もともと服は、高級衣装店のデザイナーが顧客のために完全オリジナル衣装を販売していました。

20世紀初頭のパリは高級仕立店が数多くあったのですが、イギリスからやってきたデザイナーのシャルル・フレデリック・ウォルトが、シャンブル・サンディカル（パリ・クチュール組合）として組織化しました。

この組合の店でつくられた一点モノの服が「オートクチュール」と呼ばれていましたが、次第に

「高級衣装店のデザイナーがデザインした服」を指すようになっていったのです。

でも1960年代、デザイナーがデザインしたものを売るプレタポルテ（既製服）があらわれると、次第に顧客のニーズも変わり、プレタポルテが主流になっていきました。

そして、オーダーメイドのオートクチュールは衰退していったのです。

量産化に成功したファストファッション

プレタポルテの流れをつくり出したのは、ファッションブランド「Chloé」の創業者ギャビー・アギョンといわれています。

オートクチュール全盛の時代の高級店では、既製服（プレタポルテ）という概念すらありませんでしたが、彼女は、「ラグジュアリー・プレタポルテ」というコンセプトで、高級ファッションのクオリティや華やかさを維持し、それでいて、若い女性たちでも買える手頃な価格という、ブランドを立ち上げたのです。

また、高級ブランドがそれまでの勢いを失ったのを埋めるような形で、1990年代後半から低価格が売りのファストファッションブランドが、アパレル市場で頭角をあらわしはじめました。

ファストファッションとは、最新の流行を取り入れた商品を低価格で売り、短期間のサイクルで大量に生産、販売するビジネスモデルのこと。トレンドをおさえたおしゃれな洋服を気軽に楽しめることから、「ファストフードのファッション版」という意味合いで使われています。

ユニクロで「フリース」が大ヒットし、ZARAやH&Mなどのブランドが次々と日本に上陸しはじめたのも、この時期です。ファストファッションのブランドは世界規模で事業展開するケースが多く、ブランドの知名度が高いのも特徴ですね。

2000年代後半から本格的なファストファッションブームが到来し、いまでは若い世代に限らず、幅広い年齢層がファストファッションに慣れ親しんでいます。

時代は移り変わっていても、ファッションの流行が意図的につくられているのは変わりません。いまもなお、パリコレなどで時間をかけてつくられたデザインが発表され、大衆化し、流行しているのです。

実際、ファストファッションは自社スタッフをパリコレに送り込み、流行のエッセンスを取り入れ、自社でデザイン・生産することにより、流行に素早く対応しています。

ファッション業界の成長過程

オーダーメイド→ラグジュアリーブランド（高級ブランド）→ファストファッション

このように、オーダーメイドを規格化・標準化し、量産化をすることで、世界的にビジネスを拡大できるのです。

ただ、この流れができた当時はとても画期的だったため、すぐに受け入れられたわけではありません。それほど、古い慣習を捨てて、新しいことをはじめるのはとても難しいことなのです。

プロが量産化に踏み切るには、勇気がいるワケ

たとえば、あなたが料理人で、多くの人においしいものを食べてもらう方法を考えているとしましょう。

そうすると、あなた以外の料理人の育成も必要になります。

材料や品質を落とし、経験の浅い職人、もしくはアルバイトに料理をつくらせるようにしたら、品質の維持が難しくなり

「お客様が減ってしまうのではないだろうか？」

と不安になるのではないでしょうか？

職人的思考のままでは、熟練の技術を持った自分ではない第三者に、調理やメニューをすべて任せるには、不安がつきまといます。

ですから、多くの経営者は、新しい量産化のしくみを考えても、簡単に踏み切ることができずにいるのです。

5　アートを量産化したアンディ・ウォーホル

デザイン性で量産化したアートにも価値を生み出す

ポップアートの旗手ともいわれているアンディ・ウォーホルは、芸術を大量生産したアーティス

トです。

彼はマリリン・モンローの肖像画や、スープの缶（米国では非常にポピュラーだった「キャンベル・スープ」）の図版をシルクスクリーンプリントで量産し、販売したのです。

それまでは、本物は1つしか存在してはいけない、もしくは、希少価値が出るほどの少ない数しかあってはならないという「常識」がありました。

芸術は基本的に一点モノであり、どれほど本物と区別がつかない精巧なモノであっても、コピーの価値はオリジナルを超えることはあり得ません。

コピーであることを宣言すればよし、それを黙っていれば偽物といわれる世界でした。

ところが、アンディ・ウォーホルは、

「ポップアートでは、デザインそのものに価値がある」

「芸術作品とは、物体ではなく目に見えるデザインやレイアウトである」

としたのです。

彼は35歳のときにＮＹに創作拠点を設けましたが、これをアトリエやスタジオと呼ばず、ファクトリー（工場）と名づけていました。これは、彼が「芸術作品を大量生産する」ことを意識していたという証拠ではないでしょうか。

アンディ・ウォーホルのマリリン・モンローの絵が称賛されたことにより、オリジナルではない絵画でも、価値を得られることが証明されました。

その後キャンベル・スープの絵を描いて試しても、商品の値段は落ちませんでした。

このことから、描いてある内容が一般的なものでも、価値を得られることがわかり、アートも「オートクチュール」から「プレタポルテ」になることができたのです。

希少価値がなくても成立するということが証明されて、この手法は世界中に普及していくことになります。

6 アメリカでは、映画も成功法則に沿って量産化されている

ヒットの法則に沿って売れる映画も量産化できる

日本映画は1人の職人の能力に頼るつくり方が多く、海外では多くの人の能力をあわせてつくることが多いのですが、量産化でビジネスが拡大するのは、映画も同じです。

日本のアニメーション映画は、宮崎駿さん、新海誠さんなどのように、個人の能力に従って製作する映画が多いため、数年に一度の公開が限度で、さらに当たり外れも出てきます。

一方で、ピクサーが毎年メガヒットアニメーションを連発することができているのは、複数の脚本家が関わっているからです。

たとえば、前編・中編・後編をそれぞれ別の人が書く、ベースを書く人とクリンナップする人に分担する、というように分けています。

また、ハリウッド映画やディズニー映画で活躍している、クリストファー・ボグラー（著書『神話の法則　夢を語る技術』ストーリーアーツ&サイエンス研究所）は、次のように物語を規格化して考えているそうです。

(1)　日常・現実の世界
(2)　冒険へのいざない
(3)　冒険の拒否
(4)　賢者との出会い
(5)　戸口の通過
(6)　試練・仲間・敵対者
(7)　もっとも危険な場所への接近
(8)　最大の試練
(9)　報酬
(10)　帰路
(11)　復活・再生
(12)　宝を持っての帰還

この「神話の法則（ボグラーモデル）」に沿ってつくることで、ハリウッドやピクサーは、観た人を感動させて共感を得られる映画の「量産化」に成功したといえるでしょう。

7　情報の多い時代には、時短が価値になる

時間は、買う時代になってきた

すべての商品は、「時間」を買っているといっても過言ではありません。ディズニーランドに行くのは、楽しむ時間を買っていることと同じです。教室に行くのは、スキルを早く習得するためです。レストランに行くのは、食事を楽しみたい人もいれば、自分で料理をしなくてすむから、と思う人もいるでしょう。自動車を買うのも、早く移動するためです。

現代は、情報過多のために「時短」の価値がどんどん高まっています。

ですから、たくさんの情報を早く処理するために、キュレーションサイトが必要なのです。

たとえば、

・グルメ向け（食べログ）

・ニュース系（グノシー・ＮｅｗｓＰｉｃｋｓ）

など、さまざまな業界ごとにキュレーションメディアが登場しているのもそのためです。

スマートフォンの登場で、誰もがたくさんの情報に触れられるようになったため、さらに時短の価値が上がっています。連絡手段もコンテンツもリアルタイムメディアから、非リアルタイムメディアが主流になってきています。電話よりもＬＩＮＥやメッセンジャーのほうが、自分の都合のよい

時間に返信できるため、忙しい人には便利です。オンラインの普及により、質の高いコンテンツを手にできるようになると、リアルタイム受講よりも、動画受講のほうが都合のよい時間に見ることができ利便性が上がります。

音楽の前奏を短くする、映画を倍速で観る、オーディオブックで「ながら読み」をする…といった利便性を感じている人も多いのではないでしょうか？

どうしたら早く提供できるようになるのかを考える

家内制手工業から工場制手工業になったのも、「時短」のためです。

ファストフードの代表格であるマクドナルドも、もともとは時短を考えて生まれました。時短を実現するために、スタッフが技術を習得できるよう、ケチャップが定量になる道具や自動的に油から上がるフライヤーなどを設け、習得時間を短くするしくみをつくりました。

「商品の提供を早くする」

「習得から稼ぎはじめるまでの時間を早くする」

といった考え方が、標準化と量産化です。
・商品を早く提供するにはどうしたらいいのか？
・早くスキルを習得し、稼ぐにはどうするのか？
という考え方は大きな価値を生み出します。ぜひ、自分に当てはめながら考えていきましょう。

8　ネイルをより量産化した、ワンカラージェルネイル

シンプルに時短化することで、異業種にも広まったモデル

「ネイルサロン」といえば、種類が豊富でデザインも自由自在に選べるものが一般的です。でも、わたしの知人は、あえてジェルネイルを1種類にし、デザインもワンカラーに絞って提供しています。

ネイリストがデザインを自由自在にできる技術を身につけようとすると、習得には長い時間がかかりますが、ワンカラーのみに絞ることで、３日間の研修だけで技術を取得し、すぐにビジネスをはじめることができるのです。

徹底した、シンプルな規格化によって、安くて満足度の高い施術ができるようになり、さらにサービス工程をシンプルにした結果、効率的に働けるようにもなりました。

じつは、デザインにこだわったデコネイルは、当日のお客様の要望を伺って施術するため、デザインによって時間がまちまちになります。

そのため、予約にも余裕を持たせる必要があるのですが、お客様の来店時間に合わせると、１日３〜４人しか施術できないことも…。

でも、ワンカラーにするとおひとり約1時間と、施術時間が読めるようになるので、効率よく予

約を入れることができるようになるのです。

また、このワンカラーネイルは、研修を受ければ誰でも簡単にネイル技術を身につけることができます。学校に行って、資格を取らなくても仕事ができるようになるのです。

そのため、ネイル専業ではなく、美容院、整体、洋服屋さんで副業としてはじめる人も大勢います。たとえば、彼女のところには「空手教室×ネイル」という人もいるそうです。とても新しく、ユニークですよね。

また、ネイルの施術中は1時間お客様と身の上話をするため、自然に深い話となり、そこから信頼関係が生まれやすいという利点があります。関係性を築くことで、売り込みをしなくても、本業のビジネスにつながるのです。

また、定期的に来店してもらえるサービスなので、関係性が長く続くのも大きいところです。

さまざまな業種の人が取り入れられる、量産化されたモデルといえるでしょう。

9　紹介ビジネスの量産化モデル「一般社団法人シニアライフサポート協会」

紹介ビジネスも量産化できる

自分のビジネスを通じて、自分の範疇ではない相談を受けて誰かに紹介をすることはないでしょうか？　単に紹介だけをしていても、巡り巡っていつか自分のビジネスにつながる場合もありますが、紹介も量産化思考で考えるとビジネスにすることができます。具体的には、業種を絞る、業務を絞る、方法を絞るなどです。

たとえば、お年寄りが直面するお悩みに対して、相談窓口をつくり、身元保証や高齢者向け住宅を斡旋するビジネスを展開している、「一般社団法人シニアライフサポート協会」という団体をご存じでしょうか？

高齢者住宅の紹介、身元保証、死後事務委任、後見人、財産管理、家族信託、不動産売却や生前整理、遺産相続、遺言書の作成、成年後見、日常生活支援などの相談を受け、適切な相談先を紹介することで、紹介手数料が入るしくみです。

このように、2回以上の紹介ができることは、手順化（標準化・量産化）によってビジネス化できます。

たとえば、ブライダル業界の場合も、結婚相談所から結婚式場を紹介すると手数料が入るしくみがあります。これも、同じ紹介ビジネスモデルですね。

規格化・量産化の体制を整えれば、紹介もビジネスになるという好例です。

とくに、今回紹介した一般社団法人シニアライフサポート協会は、これからの時代には必要なサービスになっていくはずです。

このように、時代のニーズを読みながら新しいサービスを見つけ、早くに量産化に着手していけると、ビジネスは確実に拡大していきます。

10　営業を標準化する

育成の時間を「時短」する

「営業マン」も量産化することができます。

あなたのビジネスで、知識や技術を覚えて一人前になるとしたら、どのくらいの時間がかかるでしょうか？

一般的には「3年」を目安にしているところが多いかもしれません。

この育成の時間を短縮できるようになると、マネタイズが早くなります。

どの会社でも、3年で一人前になるより、3カ月で一人前になったほうが、組織を運営するうえではいいですよね。

(例) 住宅の営業マン

住宅の営業マンを育てるには、住宅の知識、住宅のプランニング、建築法規、現地調査、建築材料税金、借り入れの知識をすべて学び、セールステクニックを身につけるところまで含めると、どうしても時間がかかります。

ですから、これをすべて手順化し、分業化すると時短になります。

プランニングする人、法規などを調べる人、借り入れや税金を担当する人、セールスをする人…というように分けてみてください。

ただ、言うのは簡単ですが、「そうはいっても営業の手順化は難しい」と考える人も多いものです。

時代に合わせて育成のしくみも変えていく

「新人がなかなか商品を売れない」

「セールスマンの募集をしても来ない」

これらは、どの業界でもよく耳にするお悩みです。

販売を考えたときに、どうしても営業マンの個人の能力に頼りたくなり、売れない人には「能力が低い」とレッテルを貼ってしまうものです。

でも、いまどきのお客様は、自分で簡単に情報を調べられるので、営業マンのセールストークに感じる価値は、昔より下がっています。

そのなかでも、誰でも売れるように標準化することは会社にとって重要なことです。

経営者が「なぜいい社員に育たないのか？」「なぜ売れる社員にならないのか？」と思うようであれば、社員の能力を疑う前に、自らの能力を疑い、振り返ってみてください。経営者がしくみを生み出せていなかったり、アイデア不足だったりするケースは、多々あるのです。個人の力に頼るより、組織運営を考えて人材を配置して、組織を強化するほうが生産性は上がります。

セブンヒッツ理論で業績を上げる

住宅のセールスを分析すると、4~7回折衝の機会があると契約になることが多く、それ以下か、以上の回数になると契約率が下がるといわれています。

「見込み客に3回接触すると、ブランドを認知する。7回接触すると、購入率が高くなる」

これは、セブンヒッツ理論と呼ばれています。

実際、ある木造住宅メーカーは営業マンの能力頼りのアプローチをやめ、会社がセールスを規格化して標準化と量産化に成功しました。

具体的には、メルマガや公式LINEを使い、来店後に毎月、完成現場見学会、工場見学会、スタイルブックのパンフレットを送付し、各種イベントに参加することで、クジに挑戦できるようにしたのです。当たると30~50万円相当のオプション（ホームシアターセット、空気清浄機、食洗機グレードアップ、シャワールーム、キッチンを最上級モデルに変更など）が選択できるので、とても好評とのこと。個人に頼らず、単純接触を組織でしくみ化した、営業の量産化の見本と言えますね。

この会社は、販売戸数ランキングでトップになりました。

ものを販売するには信頼が大切です。信頼を得る方法の1つが接触回数です。接触回数を増やすには、嫌われないこと。嫌われないように接触回数を増やすために、個人の能力に頼らず組織的な方法で、どうすればいいのかを考えるのです。友人は信頼を担保されているので説明を聞かなくても買いますよね。ですから売るには仲良くなる方法を考えればよいのです。

11　アフターメンテナンスを標準化、量産化

利益率の低い業務も量産化でマネタイズや高収益化に変えることができる

多くの場合、アフターメンテナンスは企業の収益面でマイナスになっています。

メンテナンス部門の担当者が、フィルター交換や消耗品の交換に移動時間をかけて、1000円の部品を交換しに行くことは多々あります。下見も含めたら、実際のコストはもっと高くつきます。

でも、アップルを見てください。

たとえば、アップルケアという保証に未加入で、子どもに買ってあげたｉＰａｄが充電できなくなったとしましょう。

差込口の不具合だった場合でも、アップルストアでは、基本的には修理はしてくれず、3万円ほど支払うと新しいものに交換になります。

つまり、修理であっても、新しい商品が売れたのとあまり変わらない状況をつくっているのです。

日本企業はアフターメンテナンスが不採算部門になっていることが多いのですが、海外の企業は、アフターメンテナンスでも利益を生み出す思考が多いという、差がはっきり出ていますね。

そのほかに、ジョンソン・エンド・ジョンソンという会社が、ステラッド滅菌器という、医療用

機材を滅菌する（高度な消毒）する装置を病院に向けて販売しています。

あるとき、フィルターが詰まり、アフターサービスに連絡をすると、「フィルター単体ではなく、ユニット交換しかできない」と言われ、価格も60万円と高額でした。

つまり、分解して修理するよりも、ユニットを交換したほうが修理も早く、しかも利益を生む構造になっているのです。また、用意されている年間メンテナンス契約に加入する場合も多いかもしれません。

しかも、運転回数がある一定数に達すると装置が停止して、消耗品の交換をしなければならない、という通知が出ます（安全性のため、機械が動かなくなることも）。こうして強制的に部品交換をしなければいけないようにすることで、アップルと同じく保証契約を設けて、アフターメンテナンスで利益が出る構造にしたのです。

また、10年以上経つと、古いために性能も低いので運転時間も長く、職場の生産性も低くなり、買い替えていただくことでまた利益が生まれます。

ちなみに、同じ機能を持つ商品は日本企業から販売されていますが、機械の価格が安いにもかかわらず普及していません。

ジョンソン・エンド・ジョンソンはきちんと利益を生み出す構造になっているので、開発に資金がまわり、機械の開発のための市場リサーチやマーケティング、セールスにもコストをかけられます。ニーズの高い新商品を次々販売し、その分野で独壇場になる理由がわかるでしょう。

建築会社のアフターメンテナンスのサブスクリプション化

先日、わが家のお風呂の蛇口から水が漏れるようになりました。修理を依頼したところ、

・作業費が３２００円
・部品が１０００円
・訪問費が２５００円

合計で６７００円（税込み７３７０円）です。

これは日本の建築関係でよくある料金体系ですが、この金額では収益性が高いとはいえません。かろうじて収支が成り立つレベルでしょう。

アフターメンテナンスが企業の収益性を悪くしているケースがよくありますが、だからといってアフターメンテナンスコストを削減すると、クライアントからの評価や満足度も下がりかねません。

一方、アップルケアのように、アフターサービスを年会費制にして、優先的に対応したり、無料点検をつけたり、出張費をゼロにしたりしている会社もあります。

住宅のお手入れも、雨樋掃除やワックスの販売などの作業をまとめてサブスクリプション化し、チラシやＥＣサイトに掲載したほうがいいのではないでしょうか。

このように、規格化、量産化し、メニュー表で見せられるようにすることで、いままで利益になっていなかった部門から、利益を生み出せるようになるかもしれません。

繰り返す業務を洗い出し、量産化できることはマネタイズできると考えてみましょう。

12　量産化は品質の低下ではない

寿司修行３ヵ月で、ミシュランに！

『寿司修行３ヵ月でミシュランに載った理由』（宇都裕昭／ポプラ社）という本をご存じですか？

この本では、短期間の特異なカリキュラムと格安な学費で、優秀な料理人を世に送り出した料理人学校「飲食人大学」が紹介されています。

「鮨　千陽」というお店は、３ヵ月の修行でオープンしたあと、たった3ヵ月で『ミシュランガイド京都』と『大阪２０１６ビブグルマン』に掲載されました。

「寿司職人が一人前になるには、10年以上修行をしなければいけない」と言われてきたなかで、江戸前の高級寿司を握る技術も3ヵ月で習得できると、飲食人大学が証明したのです。

これは、いままでなら考えられなかったこと。量産化というと、安くつくるファストファッションやファストフードなどのイメージが先行しますが、量産化の考え方は何も「より安く」ということばかりではない、ということがわかりますね。

実際、「鮨　千陽」は、最初からミシュランで取り上げられることを目標に、スタッフで戦略を練って計画的にミシュランの星を獲得しています。

寿司職人の世界の常識が変わる

そもそも、寿司職人になるための修行に、どうして10年もかかるのでしょうか？

寿司業界では、「飯炊き3年、握り8年」といわれています。

この時間をかけることで、おいしいお寿司をつくれるようになるのかもしれませんが、ビジネスの拡大という面では無理があります。

実際、「鮨　千陽」では、ミシュラン・ガイドを分析し、ビブグルマンカテゴリーでは5000円以下で、クオリティの高いお店が選ばれていることなどを調査したそうです。

さらに

- 店舗が小型店であること
- 店内の内装はシンプルで、派手ではなく清潔であること
- メニューは多くないこと
- 食器・カトラリーは、一流の上質なものを使うこと
- 広告を出さないこと
- 上質でこだわりのある食材・調味料、希少性のある飲料を使うこと
- 仕込み・調理に時間を惜しまず、手間をかけた商品を使うこと
- 接客は大人しく、さりげなく細部まで心遣いをすること
- 清潔感にこだわり、清掃は徹底して行うこと

・おいしさに驚きを追加すること
…などが求められているとわかりました。

つまり、このような高品質の実現を量産化したことで、オープン３ヵ月でミシュラン掲載を実現したのです。

13　売れているものを自分なりに分析する

行動する前に、まず分析からはじめる

出版をする場合も、事前の分析はかかせません。

やみくもに書くよりも、まずはベストセラーになっているのはどんな本なのかを分析してみると、
・基本的に文字を読まない人が多い
・読書の習慣のある人は少なく、本を読む、文字を読む機会が減っている
という姿が見えてきます。これをハックすると…
・最後まで読まないので、冒頭に一番大切なことを書く（最後まで読まなくても満足する）
・真意を理解してもらおうとするよりも、簡単にできること（たとえば1メソッド）に絞る
・伝わるように、たとえ話を多用する（ストーリーは記憶に残り、読解力がなくても理解できる）
・保守的思考の人が多く、過去に経験したようなオーソドックスな手法を好む

・最近では、文字を読まない人や時短に対応するため、図解やマンガ化するほうが好まれる
といった仮説を立てることができます。
このようにあらかじめ仮説を立てておくことで、何も考えずに掛かるより精度が上がるはずです。
でも、実際に検証してみなければ、本当に正しいかどうかわかりません。仮説のあとは、検証を
行っていきましょう。

14　堀江貴文さんの東大合格方法からビジネスを学ぶ

4つの勉強術からビジネスの秘訣を探る

ホリエモンこと堀江貴文さんが東大を目指しはじめたのは、高校3年の夏頃のこと。
中学時代からコンピューターに熱中してしまったこともあり、この時期までほとんど勉強をして
いなかったため、成績は学年200人中199位まで落ちてしまったこともあったそうです。

・堀江さん流勉強法①　まずは過去問と入試の分析から

堀江さんが最初に行ったのは、過去問（赤本）と入試の実施方法の分析でした。
普通にやっても合格できる可能性は低いので、まずはできるだけ自分が入れる可能性が高そうな
学部（科類）や受験方法を探すことにしたのだそうです。

そこで、堀江さんは「文科３類」を志望学部（科類）として選択。

当時の受験では、前期と後期の２回のチャンスがありましたが、後期は、センター試験の英語、国語、社会の３科目で90％とらなくてはいけないという高難易度。でも、倍率が前期に比べて低かったため、堀江さんはここを本命にして受験することを決めたのです。

また、当時の東大入試の２次試験は英語と小論文でした。

小論文は自信があったため、英語を突破できるかどうかが合格のカギになると堀江さんは分析しました。

・堀江さん流勉強法②　英単語をページまるごと暗記する

「合格できるかどうかのカギは、英語だ」

と分析した堀江さんは、さっそく英語の勉強に取り掛かります。

その勉強方法は、英単語を徹底して丸暗記することでした。理由は、堀江さんいわく、

「単語さえ読めたら、文法が多少わからなくても言いたいことはだいたい想像がつく」

とのこと。

１日に英単語帳の見開き２ページをそのまま暗記するので、単語の意味だけでなく、派生語や使用例まで覚えたそうです。

最終的には、センター試験でも９割前後の点数をとることに成功。

東大の出題範囲の英単語丸暗記は70日ほどで終わったそうですが、そのスピードもさることながら、単語だけに絞って勉強する方法には本当に驚かされます。

・堀江さん流勉強法③　必要な部分だけを覚える

英単語の暗記にも通じていることですが、堀江さんの勉強方法のポイントは、必要な部分だけを絞って勉強することにあります。

東大二次試験では文系科目を2科目選んで受験する必要があったのですが、1つは得意な地理を、もう1つは日本史を選択したそうです。

東大の日本史では、年号を問われるような問題はほぼなく、「指定された単語を使って○○字以内で説明せよ」といった記述式の問題が大部分を占めていました。

そこで堀江さんは、年号を完全に切り捨て、日本史の漫画を使って歴史の流れを覚えたうえで、過去問を使って仕上げをしたそうです。

このように入試で必要な最低限のスキルを、漫画などを活用しながら極めて効率的に習得することで、短期間での逆転合格を実現しました。

・堀江さん流勉強法④　過去問を繰り返し解いて仕上げ

堀江さんは勉強の仕上げとして、「とにかく過去問を解く」という戦略をとりました。

東大とセンター試験の過去問、それから各予備校の模試などを、全部で100回は解いたそうです。そして、

「結局、このセルフ模試が受験本番ではもっとも役立った」

と語っています。

堀江さんの勉強方法で、ビジネスにも参考になるポイントは主に2つ。

1つ目は、徹底した過去問の分析です。

堀江さんは、最初に過去問や入試方法の分析からはじめ、受験直前まで過去問や模試を徹底的にやり抜きました。最初に過去問を分析することで、その大学の傾向がわかるため、どんな勉強をすればいいのか、なんとなく見通しがつきます。

たとえば、東大の国語では漢字の配点が少ないので、漢字の勉強もしなかったそうです。過去の分析をしておくことで、入試で使わない部分の勉強に時間をとられる必要がなくなるため、2つ目のポイントである「必要な部分に絞った勉強」ができるようになります。

そして、必要な基礎の勉強に加え、過去問を徹底して解くことで、その大学に合格できる確率をできる限り高めることができるのです。

効率的な勉強や短期間での逆転合格のためには、過去問の分析は必要不可欠な手法といえるでしょう。

わたしの知人に東大卒の弁護士さんがいます。その人に東大に合格する方法を聞いたことがあり

ます。その方法は、「東大に合格した人にどうやって合格したのか聞くこと」だそうです。大学受験は学校によって問題の傾向があるので、学力というよりテクニックが大切になります。これはビジネスも同じ。起業方法を知りたければ、サラリーマンではなく起業家に聞けばいいのは明白です。

これは、ビジネスも同じです。前例のミシュランのように、どのようにしたら目標を達成できるのか、しっかり分析するところから行いましょう。

15 ビジネスの成功のカギは、質より量

成功者を分析すると、「行動量」に違いがある

一般的に、告知の頻度が高く、認知度の高い商品ほどよく売れる傾向があります。

たとえばパブロ・ルイス・ピカソは、生涯で15万点を超える作品を残しています。

また、彼は時代によって絵のタッチが違います。20世紀初めのパリで、ピカソとジョルジュ・ブラックによって生み出された、キュビズムは、新たな美術表現の試みの1つです。

1つの対象を固定した単一の視点で描くのではなく、複数の視点から見たイメージを、一枚の絵の中に集約し表現しようとしました。これは、それまでの西洋美術で当たり前とされていた遠近法や、単一の視点から描くというルールを覆した革新的な技法でした。

絵画も手順を、標準化、量産化することにより、ピカソとジョルジュ・ブラックの2人で生み出

し、結果として多くの人に届けることができたのです。

また、ピカソは新しい絵を描き上げると、なじみの画商を数十人呼んで展覧会を開き、作品を描いた背景や意図を細かく説いていました。このように、認知度を高めたことも、人の購買意欲につながったのでしょう。

どの戦略も圧倒的な行動量の前には叶わない

たとえば、わたしは以前電子書籍を出版しているのですが、同時期に電子書籍を出した友人がいたので、いい比較実験ができました。

わたしはマーケティングのプロですが、Aさんはマーケティングにおいてはプロではありません。でも、結論から言うと、わたしはマーケティングを駆使したプロモーションをしたものの、ダウンロード数ではAさんに負けてしまいました。

●わたしのケース
・事前キャンペーンにより顧客リストを600獲得
・電子書籍の初日のダウンロード数が300件

●Aさんのケース
・事前キャンペーンにより顧客リストを300獲得
・電子書籍の初日のダウンロード数が360件

このように、わたしは獲得したリストは多かったのですが、ダウンロードが少なかったのです。

そこでAさんが何をしていたのかを聞いてみると、30日間連続で毎日のインスタとブログで告知をしていたとのこと。わたしは、自分のマーケティング経験を駆使して、1週間前から告知しましたが、及びませんでした。つまり、どのような戦略も、圧倒的な行動量の前には叶わないということなのです。

たくさん動く人が成功する

売れている人を観察すると、とにかく行動量が多いもの。

多くの人は、売れている人が「何をしたのか」を気にしていますが、それよりも「どのくらいの量をこなしたのか」が重要です。

売れているAさんは、「Ｉｎｓｔａｇｒａｍを１００日連続達成！」というように、何をするにしても最低１００ロットを目指しています。あるとき、Aさんに「メルマガもブログも、書きはじめてから結果が出てくるのに必要な期間は約90日（３ヵ月）です」

とお話ししたところ、

「それなら、１日2投稿すれば半分の１・５ヵ月になるの？」

と聞かれたことがありました。そして、その後実際に毎日２つの投稿をして、わずか１・５ヵ月で結果を出していました。

一般の人や慣れていない人は、毎日告知することに抵抗があるのかもしれませんが、最初はお客様も興味がないので、告知を目にしても記憶に残らないもの。

投稿７回目にしてようやく認識されるような世界なのです。ですから、ぜひ行動量を増やして、望む結果を手に入れていきましょう。

16 「量産から価値は生まれない」というのは誤解！

量があることで、人気が高まる

先ほども触れましたが、ピカソは、「もっとも多作な作家」として、ギネスに認定されています。ピカソは約78年の芸術家人生を通じて、約15万点の作品を制作しました。

作品の内訳は、以下の通りです。

・絵画、デッサン：約１万３５００点
・版画：10万点
・本の挿絵：３万４０００点
・彫刻、陶器：３００点

78年の人生のうち、60年描いていたとしても、年間２５００枚。つまり、１日あたり６・８枚ということになります。

そのなかから、「キュビズム」を生み出したのです。

ピカソは作品が多い上に、コロコロと作風を変えます。親友を亡くしたショックを患い、さらにお金がなく青い絵の具しか買えなかった「青の時代」、その後のカラフルな絵ばかり描くようになった「バラ色の時代」そして「キュビスム」「ダダイズム」「シュルレアリスム」と絵画だけでなく造型や版画を含めて、あらゆる作品をつくるようになります。

なかでもキュビスムは彼の偉大な発明の1つ。斬新な技法で『アビニヨンの娘たち』『ゲルニカ』などの傑作を生みました。

また、キュビスムはピカソの代名詞ですが、これに固執したわけではないのがポイントです。彼はジョルジュ・ブラックにキュビズムを託して、あっさりシュルレアリスムに興味を移していきます。こうして、新しい挑戦のなかからヒットを生み出しているのです。これは、ホームランを狙うというより、バッターボックスに立つ回数を増やせばホームランの確率が上がるということ。

環境や時代、量産化のなかからたまたまスモールヒットが生まれ、そのなかからビッグヒットが生まれるのでしょう。

ただ、『落穂拾い』で有名なジャン＝フランソワ・ミレーは、もともと色々な画風で描いていましたが、あまり売れていませんでした。でも『落穂拾い』がヒットすると、それ以降、『落穂拾い』のタッチの絵ばかりを描いています。

このように、量産化は昔から行われてきた、ビジネスの成功モデルなのです。

第2章　職人から経営者へ、考え方を変える

1　職人から経営者へ思考を変える

多くの人に届けるためには量産化が不可欠

ビジネスをもっとたくさんの人に届けたいなら、職人的な働き方から経営者的な働き方に変える必要があります。

ひとりよりも、たくさんの他力を使ったほうが効率的です。そもそも人間がどんなに優れた能力を持っていようとも、ひとりの力には限界があります。

個人事業主が「職人」から「経営者」になるには、働き方や考え方の変化が必要になります。

個人事業主の場合、商品やサービスの質は当然自分がすべて行うので管理しやすく、高い品質を保つことができます。いまの商品やサービスの価値を、さらに高め続けることも可能です。収入面でも、自分が働けば働くほど収入が上がります。

ところが、経営者になって仕事を誰かに任せることになったとき、自分でやらないと品質が落ちてしまうかもしれない、という恐怖心が出てくる人もいます。

実際、はじめのうちは、人を雇うと収入が下がるかもしれません。でも、ビジネスを考えた場合、個人だけで行っていては品質にも収入にも上限があり、やがて限界が来ます。若いうちは体力があるので無理も可能ですが、いつまでもその状態をキープするのは難しいでしょう。

他力を上手に利用する

あなたの商品やサービスをもっとたくさんの人に届けたい場合も、他力が必要です。ここで言う他力とは、社員、スタッフ、外注、委託などを指しています。

もっとたくさんの人へ効率的に届けるために、量産化思考で考えていきましょう。

ひとりで行っているとき、臨機応変に対応したり、オーダーに従ってカスタムメイドで提供したりすれば、たしかに満足度の高いサービスを提供できます。でも、それでは、あなただけにしかできない仕事になってしまいます。あなたが行っている仕事を、ほかの誰にでもできるように、コンテンツ化、パッケージ化、マニュアル化してください。あなた以外の人もできるようにすることで、他力を使えるようになります。

ここで間違えてはいけないのは、あなたが行っている仕事をそのまま誰かに任せるのではない、ということです。そのまま任せようとすると、「なぜ自分のようにできないのか…」とイライラし、ストレスになるでしょう。そもそも自分と他人は違うので、自分と同じように行ってほしいと思うこと自体に無理があります。重要なのは、「誰でもできるようにすること」なのです。

誰にでもできるようにまとめることが、量産化のカギ

自営業者は、自分のサービスや商品がよければ広まる、満足度の高いものが届けられる、と思うかもしれませんが、そうではありません。量産化では、「商品より教育」。フランチャイズの本質も

「教育」であり、商品・サービスはその次なのです。

わたしの知り合いで、企業研修講師の人がいます。生命保険会社で保険を売るうちに、依頼先から営業研修を依頼されるようになり、「営業研修だけでなくそのほかの研修も必要だ」と感じて、自ら研修を行うようになりました。最初は自分が考えた研修プログラムを自ら営業し、研修まで行うスタイルだったので、1年中全国を飛び回っていました。でも、5年後に研修をスタッフに委託するようになり、本人はプログラムづくりに専念するようになったことで、ビジネスは飛躍していきます。つまり、自分のコンテンツを規格化し、量産化することで誰にでもできるようになり、個人事業主から経営者に変わったのです。

経営者になったことで、コンテンツをより多くの人に届けられるようになり、収入もひとりでやっていたときの3000万円から、もっと上のステージへ行くことができました。

職人的な働き方の限界を突破するはじめの一歩は、あなたの仕事を誰でもできるように、コンテンツ化、マニュアル化して、量産化することなのです。

2　いち早く流行をつかむ、アーリーアダプターになる

一流企業に入っても席が埋まっている

起業家は、いいか悪いかわからないものに飛びつき、失敗することが多々あります。

でも、それは決して悪いことではありません。雇われマインドでは、他人の評価や一般的な評価を判断しないと取り掛かれない分、後手に回って、競争相手も増え、上の席も埋まってしまうでしょう。おいしい水の出る泉のまわりは、ほかの人に陣取られています。

一流企業も、ピラミッド構造になっています。上の席は埋まっているため、ライバルが多いでしょう。仕事がいくらできるからといっても、席が埋まっていれば出世できません。

これはお笑いタレントの構造をイメージしてもらうとわかりやすいかもしれません。ビートたけしさん、明石家さんまさん、ダウンタウンさんに気に入られるほうが、生存率は高まります。何十年経ってもトップを超えるような若手があらわれないのは、上の席が埋まっている構造が原因の1つでしょう。

そのため、テレビや会社などの既得権益の層が厚いオールドメディアではなく、You TubeやNetflixのような新しいプラットフォームにいち早く対応するほうがトップを狙えます。インターネットサービスも1強だけが残ります。それに付随するサードパーティーを提供するほうが成功するのです。

能力の高さよりも、先行者（強者）の役に立つか、気に入られるかが重要になります。

そもそも、あらゆるものには成長曲線があり、成熟期を迎えれば、やがて衰退期に入ります。ですから、ビジネスで成功するには、ときにアーリーアダプター（新しい商品やサービスを早い段階で取り入れる人）となって、流行をいち早く掴み、判断する側になることも必要なのです。

〔イノベーター理論の５つのタイプ〕

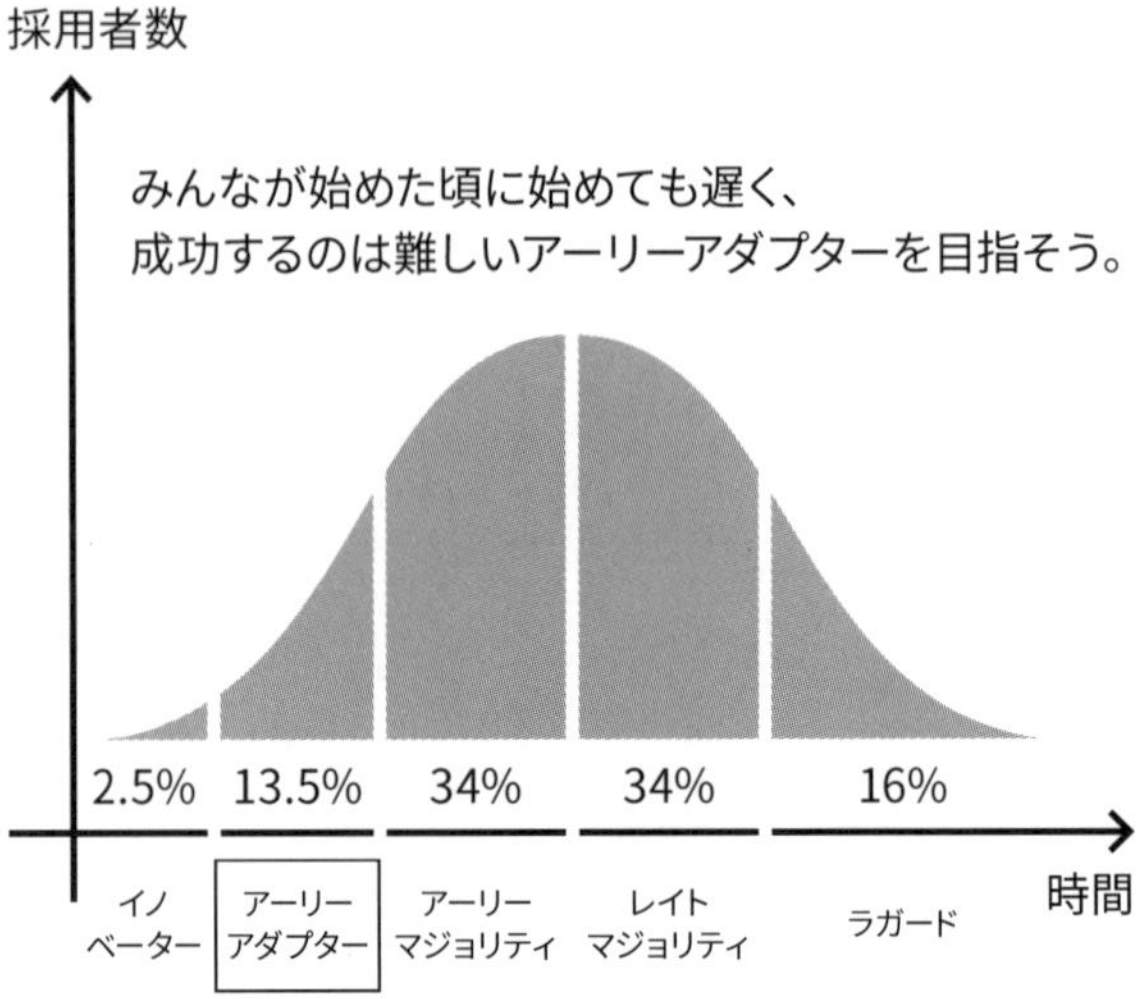

アーリーアダプターになるには、いいか悪いかわからない段階で飛びつくことも大切です。みんながいいと言い始めた頃に飛びつくとレイトマジョリティになり、もう既に遅く高値掴みになります。

靴磨きの少年の話があります。ジョセフ・P・ケネディ氏（ジョン・F・ケネディ米国大統領の父親）は、ウォール街で働き株式投資で財を成して政界に進出した人物です。

ある日、そんなケネディ氏がウォール街で靴磨きの少年に靴を磨いてもらった際に、その少年から「○○の株は買ったほうがいいよ」とすすめられたそうです。

プロ中のプロであるケネディ氏からすれば、一般大衆の、それも言い方は悪いですが靴磨きをするような少年が株の話をしていることに大変驚いたことでしょう。

ケネディ氏は、靴磨きの少年の話を聞いた後、近く株式市場が暴落するに違いないと判断し、保有していた株をすべて売却。その後、実際に大恐慌が起き（１９２９年10月）、米国株は大暴落。事前に株を売却したケネディ氏は難を逃れることができた、というレイトマジョリティになると高値掴みになる実例です。

３　労働のステージから、ビジネスを考える

投資家、ビジネスオーナー、自営業、労働者のステージを知る

「４つのクワドラント」という概念をご存じでしょうか？
『金持ち父さん 貧乏父さん - アメリカの金持ちが教えてくれるお金の哲学』（ロバート・キヨサキ（著）シャロン・レクター（著）／筑摩書房）
この概念によれば、労働には
Ｅクワドラント・・・Ｅｍｐｌｏｙｅｅ（従業員・サラリーマン）
Ｓクワドラント・・・Ｓｅｌｆ―ｅｍｐｌｏｙｅｅ（自営業）
Ｂクワドラント・・・Ｂｕｓｉｎｅｓｓ―ｏｗｎｅｒ（ビジネスオーナー）
Ｉクワドラント・・・Ｉｎｖｅｓｔｏｒ（投資家）
という４つのステージがあるとされています。

本では「投資家を目指せ」といったことが書かれていますが、わたしはこう思います。

4つのステージは、どれがいい・悪いということではなく、どれが自分に向いているのかを知ることが大切なのです。

わたしはすべて挑戦してみましたが、投資家には楽しさを感じることができませんでした。

直接お客様から「ありがとう」と言ってもらえる自営業が、一番楽しいと感じています。

この、一番楽しい部分を手放しアーリーリタイアで投資家になるという感覚は、わたしには理解できません。このクワドラントには、「やりがい」と「生きがい」、そして「信頼」が大切です。

老後にお金がないと心配かもしれませんが、お金があっても信頼、やりがい、生きがいがなければ生きていけません。実際に、お金だけあっても友人がいなくなって行き詰まり、自ら死を選ぶ人も多く見られます。そこまでいかずとも、虚しい人生になってしまうでしょう。

4 ロードマップをつくる

誰を真似するのかも重要なポイント

あなたは、自分のロードマップをつくっていますか？

「はじめに」でも触れましたが、よくある間違いケースは、「ネットビジネスをはじめたばかりの初心者が、とても売れている成功者の真似をすること」です。

〔個人事業の場合の起業年数に伴う集客と売上の推移〕

個人事業の場合 起業年数	集客	売上（月）
1年	10人	30万円
2年	100人	60万円
3年	1,000人	100万円
5年	10,000人	300万円

〔会社の場合の起業年数に伴う集客と売上の推移〕

会社の場合 起業年数	集客	売上（月）
1年	100人	300万円
2年	1,000人	600万円
3年	10,000人	1000万円
5年	100,000人	3000万円

〔起業年数によるできることの違い〕

基本の形

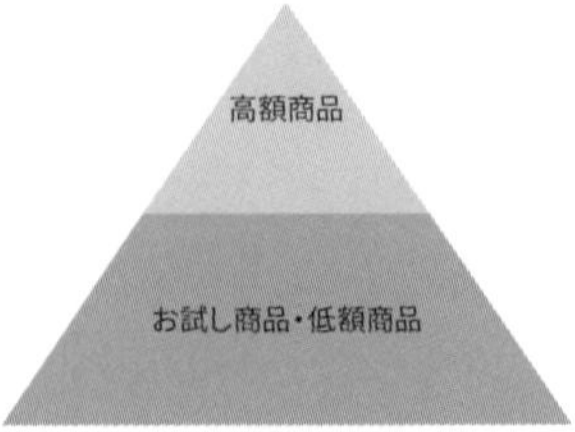

高額商品
お試し商品・低額商品

1年目

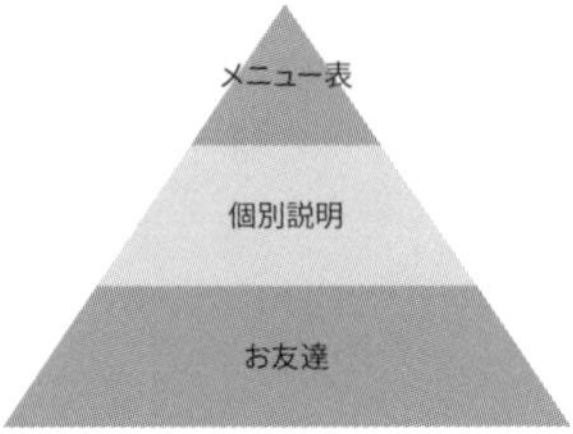

メニュー表
個別説明
お友達

2年目

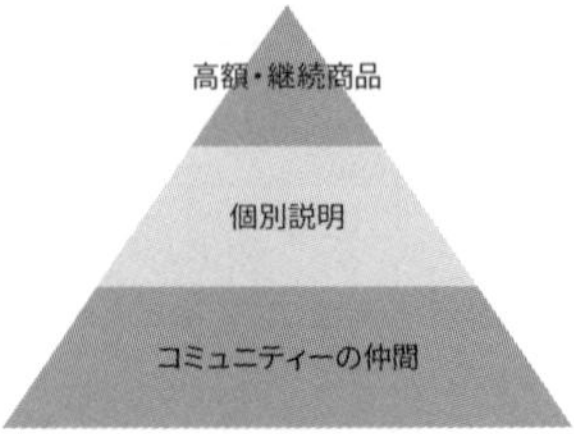

高額・継続商品
個別説明
コミュニティーの仲間

3年目

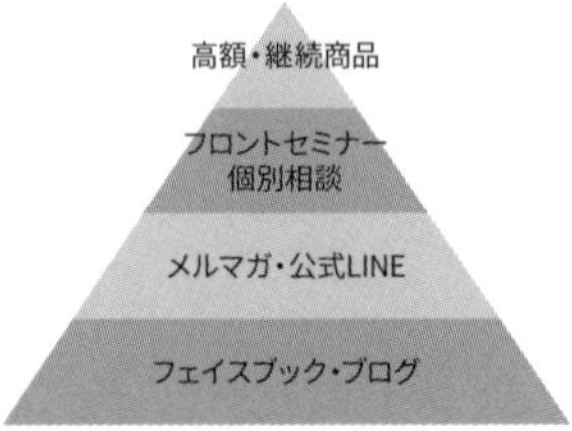

高額・継続商品
フロントセミナー
個別相談
メルマガ・公式LINE
フェイスブック・ブログ

4年目

動画・複数高額継続商品
フロントセミナー
個別相談
ステップメール
LINEステップ
フェイスブックグループ
フェイスブック・インスタ・YOUTUBE・TIKTOK

5年目

動画・ジョイントベンチャー
フロントセミナー・個別相談
ステップメール・Lステップ・エルメ
フェイスブックグループコミュニティー
電子書籍・小冊子
ホームページ
フェイスブック・インスタ・YOUTUBE・TIKTOK

6年目

動画・JV
インストラクター・フロントセミナー
ステップメール・Lステップ・エルメ
グループ・コミュニティー
書籍・電子書籍・小冊子
ホームページ
フェイスブック・インスタ・YOUTUBE・TIKTOK
SNS広告

仕事をはじめた初心者と、売れている熟練者とではするべきことがまったく違うため、初心者が熟練者の真似をすることはとても危険です。ですから、自分に必要なロードマップをしっかりつくりましょう。ひとり集めて1万円稼ぐのと、１０００人集めて１０００万円稼ぐのとでは、することが大きく異なります。それぞれのステージに合ったことを、行いましょう。

ここを間違えて、最初から大きな目標を掲げてしまうと、挫折に向かって一直線です。

5　営業と意思決定以外は、外注化する

自分の時間を最大限生かす

基本的にすべての業務は、規格化、標準化、量産化することにより、外注も可能になります。社長のなかには「自分でやったほうが早い」と、実務を自分でこなす人も少なくありませんが、それではすぐに限界が訪れてしまうもの…。

マクロでみれば、自分で実務をこなしたほうが早いという考え方は非効率です。ビジネスにおいて、意思決定以外は外注化したほうが、長期的に見るとはるかに効率的。営業も外注化、自動化することはできますが、トップセールスとして営業は残してもいいでしょう。

職人は自ら労働しますが、経営者は実労働をしません。

でも、経営者が起業するのは、その仕事が好きだからです。だからつい作業に夢中になって、時

間の限界、労働量の限界が来てしまいがちなのです。

ですから、経営者になるには、「自分は作業をしない」と決めることからはじめましょう。

あえて自分でドリブルをせず、まわりにパスすることを意識してください。

しないことを決めて、いまあるものを上手に生かす

なぜ無印良品にカラフルな洋服がないのでしょうか？

なぜスターバックス コーヒー ジャパンには、ホットドッグがないのでしょうか？

なぜグーグルのトップページには検索窓しかないのでしょうか？

一流のブランド化された企業は、徹底して「しないこと」を決めています。

だから目立つのです。

スティーブ・ジョブズは、２００７年1月ｉＰｈｏｎｅ発表プレゼンでこう述べています。

「ボタンをすべて取っ払い、巨大な画面だけにする。でも、巨大な画面をどう操作する？ マウスは無理だ。スタイラスか？ ダメだ。すぐなくしそうなスタイラスはやめておこう。みんなが生まれながらに持つ世界最高のデバイス、指だ！」

このように、新しいものをつけ足すのではなく、いまあるものの使い方を学びましょう。

企業の年数が長くなると、不要なモノ、余計なモノが増えはじめます。ときにはいったんすべてを捨てて、そこから必要なものを拾い出すような大胆な断捨離も必要なのです。

第3章　成功例を真似て量産化する

1　職人思考の「スペックのこだわり」を捨てる

人気商品ほどシンプルになっている

満足度は、スペックの高さに比例するものではありません。

「お客様に満足してもらいたい」

「質が低いと文句を言われたくない」

「すごいと思われたい」

理由はさまざまですが、日本人の特性として、スペックにこだわる傾向があります。でも、意外なことに、スペックを高くするほど顧客満足度が下がることもあるのです。

たとえば、書籍もそうです。わたしが、本書を手にとった人に満足してもらおうと、

「あれも書きたい、これも書きたい」

と書いていると、もっともっと内容を濃くしたくなります。

でも、内容が濃くなりすぎると、専門的でわかりにくくなり、評価が下がってしまうのです。

アップル社製品の場合、ｉＰｈｏｎｅは、ボタン・ＳＤカード・イヤホンジャックなどがどんどん廃止され、たった１つしかなかったホームボタンすら廃止しています。ＭａｃＢｏｏｋ（ノートパソコン）も同様にＤＶＤドライブ、ＬＡＮポート、ＨＤＭＩポートなどがどんどん廃止されて

シンプルになっています。トラックパッドの操作性をよくしてマウスを使わなくてもジェスチャーという指先操作で扱えます。また、ｉＰｈｏｎｅには説明書が付属していません。説明書がなくても、誰でも扱えるようにしたことはデバイスの普及にとって革命的なことでした。

海外製品は、機能が減っていく一方、日本製品はスペックが上がっていく傾向があります。家電製品やリモコンにはどんどんボタンが増えていますし、パソコンも、接続ポート・テレビチューナー・ＤＶＤがつき、耐衝撃性能やノートパソコンの画面をタッチ操作にする、スペックが上がる方向に向かっていきます。

では、世界的に見て現在どちらが人気かというと、日本のパソコン産業は衰退傾向にあり、日本製品は玄人向けに向かっています。

やはり、ビジネスの拡大という点においては、シンプルで簡単なもののほうが量産化されやすく、多くの消費者に受け入れられやすいのでしょう。

実際に国内でも、近年はハイスペックなパソコンよりもホワイトボックスパソコンが人気です。ホワイトボックスとは、特定のブランドを持たないノーブランドパソコンや、卸売業者・販売店・ソリューションプロバイダーなどが自社のブランドで販売するプライベートブランドパソコン（ショップブランドパソコン）のこと。

たとえば、マウスコンピューターは、標準的な既製品のパーツを組み合わせてパソコンとして完成させ、販売していますが、これくらい簡略なもので消費者は十分満足できるものなのです。

スペックの高いものより、わかりやすいもの

自分で商品をつくろうとすると、つい専門性を高めたり、品質やスペックを追求したりしてしまいます。そうしなければ売れず、満足されないと勘違いしている人は多いのです。

たとえば、オンライン講座をはじめてつくるとき、あれもこれも詰め込みたくなりませんか？

それは、講座の内容を充実させたほうが、受講者が満足すると考えるからです。

でもその想いとは裏腹に、内容が濃くなればなるほど理解するのが難しくなり、受講者の満足度は下がる傾向にあります。

それはどうしてでしょうか？

人は、教えられたことを忘れていくものです。講座が終わって60分もすれば、記憶が薄れ、翌日になれば大部分を忘れてしまうものなのです。

覚えているのは雰囲気くらいでしょう。つまり、楽しかった・楽しくなかったという程度のことしか記憶には残りません。

そして、内容がわかりやすいと、「楽しい＝いい講座」と記憶されますが、内容が充実しすぎていると「難しい＝よくなかった」と記憶に残ってしまう可能性があるのです。

具体的には書けませんが、以前、ある人気講座に出たとき、

「トイレを綺麗にすれば、ビジネスがうまくいく」

「ありがとうを言う」

といった、「講座で教える意味があるのか」と思ってしまうような内容が紹介されていました。

でも、参加者全員が首をぶんぶん縦に振り、とても満足している様子が印象的でした。

そのとき
「これくらいシンプルでわかりやすい話でなければ、相手に伝わらないのだ」

ということに気づきました。

わかりやすいことが量産化につながる

いつの時代も、もっともニーズがあるのは「初心者向け商品」です。

一番マーケットが広いのは初心者なので、たくさん売れるでしょう。

講座をつくる場合、どうしても詳細につくり込みたくなりますが、初心者にも満足度が高くなりやすいのは、わかりやすい講座です。

ここに注意して、サービスや内容をつくっていきましょう。

（例）サッカースクール

プロサッカー選手育成専門スクールよりサッカーの楽しさ、チームワーク、礼儀を教えるサッカー教室のほうが広がる。

そうは言われても、「もっと専門的なことを教えたい」「簡単なことばかり教えていられない」というように、プライドが邪魔をするかもしれません。

そんなときにもっとも理想的な顧客は、「自分の半歩後ろを歩く人」です。

習う側も、レベルの違いすぎる人から習うより、近しい人のほうが習いやすいものです。

そして、自分の講師経験が増えることで、自然に自分のレベルが上がり、対象の顧客も変わっていくでしょう。

むしろ、ライフタイムバリュー（Lifetime Value）という顧客生涯価値（顧客から生涯にわたって得られる利益）を上げるためには、初心者向け商品からはじめ、上級者向け商品までラインナップをつくるほうが、お客様にとってもメリットが大きいのです。

たとえば、マクドナルドが標準化のレベルを高くすると、アルバイトが初日からつくれなくなってしまい、生産効率が落ちるでしょう。

とても簡単で、誰にでもできることが重要です。この考え方がわかれば、どんなものでも商品になり得ます。

わたしは会話が上手なほうではありませんし、会話を教えたこともありません。

それでも、もし会話術講座をつくるとするならば、「ほめる、笑わせる、話させる」という内容にすると思います。でも、これだけしか教えない講座だとしても、販売すれば通ってくれる人はいるでしょう。あなたに興味を持って来てくれる人が、あなたのお客様になってくれる人です。

つまり、需要や満足度は、品質の高さだけではないということです。

2　この世にはすでに成功しているビジネスモデルがある

うまくいっている人の話を聞く

この世の悩みはどこかの誰かが同じように悩み、すでに解決しているか、その類似ケースが存在しています。ゼロからすべて自分で解決策を考えても手探りになり成功率は下がります。すでに成功している類似ケースを探すほうが簡単で、成功率も上がるのです。

ビジネスは、ゼロから考えてもなかなかうまくはいきません。それは、「はじめて」だからです。はじめてのときは、当然ながら、試行錯誤する必要があります。

自分の業態に似ているビジネスモデルを探し、それを真似していきましょう。

その際、ビジネスがうまくいく「方法」を探すのではなく、うまくいっている「人」を探してください。

まずは、同じ業界の人に聞いたり、材料屋さん、問屋さん、団体のリーダーに、うまくいっている人を聞き出してみましょう。

そして、その人にどうすればうまくいくのかを、直接聞いてしまうのも手です。

調べずに手探りではじめてもいつか到達するかもしれませんが、ムダな時間がかかってしまうのは避けたいところですね。

物の購入の決定権者が女性になっている

中古車屋さんグループでマーケティングのセミナーを頼まれたことがありました。

そのグループは、全国で180店舗以上展開しています。

でも、中古車業界は大手が浸透し、またトヨタや日産の中古車販売店も普及しているので、「田舎の小さな中古車屋さんで、ネット戦略やマーケティングが必要なのかな?」と思いつつも、ネット集客のセミナーを行ったのを覚えています。

セミナーの後に懇親会に呼ばれて、中古車販売の全国グループの代表とお話することができたので、この機会にと、180社あるグループのなかで売上トップ3はどこかと尋ねました。

そしてその3社がトップの理由を尋ねてみると「ホームページ」という予想外の答えが返ってきたのです。わたしはてっきり、ユーザーはこの中古車全国チェーンのポータルサイトからスマホで車を探し、販売店から購入すると想像していましたが、そうではなく、ホームページで認知を広げて見込み客を探し、来店したお客様に、自社のフランチャイズの中古車販売システムを紹介して販売していたのです。

また、現在の集客では、女性を意識しているそうです。

ホームページも女性が見てわかりやすいつくりになっていました。女性が来店しやすいように、お店をカフェ風にしたり、スタッフも小綺麗に清潔なイメージにしたりすることを心がけているそうです。

よく考えると、現在売れている車も
・乗り降りしやすい
・荷物がたくさん乗る
・運転しやすい
といった、女性ニーズに応えるものが売れています。

近年は、あらゆるモノを購入するときに、決定権者が女性になっているのです。

また会社自体も、比較的若い30〜40代が経営者で、女性目線やネットに力を入れているそうです。

このことから考えると、いま中古車を売るには、ホームページと実店舗を女性向けにして訴求するのがいいということが見えてきますね。

中古車業界以外にも目を向けると、女性向け商品を持つ企業の勢いがいいことがわかります。

成功している企業に理由を聞いてみると、他業種であっても使える成功の方法が見えてきます。

コンサルも量産化することができる

そのほかに、コンサルティングビジネスの成功例もご紹介しておきましょう。

わたしも行っているコンサルティングというビジネスは、時間を切り売りする分、「時間の限界」というジレンマをずっと抱え続けてきました。ところがあるとき、友人が50人同時にコンサルティングしていることを知りました。いったいどうやっているのかと思い、友人から話を聞いたところ、コンサルティングをすべて動画化し、課題を提出する形にして、日報で管理しているのだそうです。

質問が来たら動画で回答するので、回答も溜まります。

どうしても個別対応してほしい人は個別相談を無制限にしているそうですが、問い合わせる人はあまり多くはないそうです。わたし自身は「コンサルは個別に行うもの」と思っていたのでとても驚きましたが、言われてみれば、お客様にとっても便利なしくみですよね。

リアルタイムでは時間は限られますが、動画は非リアルタイムメディアなので、好きな時間に繰り返し学べるメリットがあります。

成功する方法を考えるのではなく、成功している方法を見つける

このように、成功している人から学ぼうとアンテナを貼り、質問をすることで、たくさんのヒントを得られます。

あなたの悩みは、じつは、あなただけが抱えているわけではありません。

似たようなことを考えている人がたくさんいて、そのなかには、すでに悩みを解決して、成功している人もいます。

ゼロから考えたり、新しい価値を生み出したりするのは、至難の技です。

だからこそ、すでに成功している人を検索して探し、自分に合う解決方法や成功方法を見つけた

ほうが、成功確率も上がります。

なぜなら、「一か八か」の勝負ではなくなるからです。

規格化、量産化の方法も、まず成功しているモデルを見つけることからはじめてください。

先述したお寿司屋さんの例もそうですが、ミシュランに掲載される方法をまず調べ、ハックしたことで成功しています。

でも、多くの場合、成功モデルを探すことなく、自分で生み出そうとしているのではないでしょうか？

調べずに、手探りではじめた場合、いつかは到達できるかもしれませんが、とても時間がかかってしまうでしょう。

3　標準工程を探す

仕事の工程から、必要最低限のものを抽出する

美容院には、とても多くのカット方法があります。

でも、「美容師になるには最低限、これだけは必要」という共通項目だけを抽出し、それを順番にならべて、教科書にしたものが「標準工程」になります。

これが、標準化の第一歩です。同じことは、ほかの業種でも言えます。

わたしの場合、

・マーケティングでは、「ホームページ改善、メニュー表づくり、ランディングページ、フロントセミナー、セールスライティング、セールスのトークマニュアル、SNS発信」

・財務の場合は、「科目分け、財務分析、固定費と変動費、キャッシュフローの改善、経営計画、事業計画」

などが提供するサービスの標準工程です。

お客様を「理想の状態」に連れていくために、必要なステップを洗い出してみましょう。

あれもこれも入れるのではなく、あくまでも最低限必要な工程を抽出した、標準仕様書にしてください。ここでも、内容を詰め込みすぎないことが大切です。

4　成功モデルをつくる、もしくは見つける

ビジネスは、うまくいっている人の真似からはじめる

「いいビジネスアイデアを思いついた！　うまくいったら、フランチャイズ化しよう」

「でも、実際はじめたら忙しいわりに儲からなかった…」

こんな人も、少なくないのではないでしょうか？

たとえば、7年で600店舗まで増やした、リラクゼーションのチェーン店があります。この会

社のサービスは、社長がよく通っていたお店から着想を得たものだそうです。

他店より簡素化したサービスで、より安くマッサージを行うそのお店は、とても人気がありました。曰く、人気のお店を観察し、客層、客数、セラピストの人数、一番混み合う時間などを分析して、真似をしたそうです。最初は、誰かが成功した商売を真似することに、抵抗を感じる人がいるかもしれません。

でも、世の中にあるビジネスのほとんどが、すでにある「何か」の真似です。

誰かが思いついたアイデアも、すでにほかの誰かが思いついているケースがほとんどで、まったくのゼロからスタートではありません。

種を撒いて育てるより、苗から育てたほうが早いものと割り切ってください。

そもそも新しいアイデアは、誰も試したことがないのでギャンブルになります。わざわざ、そんなリスキーなことをする必要はありません。いまの時代、ネットを探せば、すでに成功している類似モデルを探すのは簡単ですから、まずは、成功している類似モデルを見つけましょう。

5　成功しているビジネスモデルの量産化できる部分を見つける

他業種であっても、成功例は大いに役立つ

あなたが抱えている悩みと同様に、あなたのビジネスのすばらしいアイデアも、同じことを考え

ている人はとても多いものです。

残念ながら、なかなかオリジナリティはありません。

それを考えられるのは、ごく一部の天才だけなのです。

『THE ROLLING STONES／ザ・ローリング・ストーンズ』は、すばらしい楽曲をたくさん生み出した天才ミュージシャンですが、インタビューで「ゼロから生み出したものは何ひとつない」と答えています。

天才でさえ先人のエッセンスを取り入れ、アレンジして世に出しているのです。そして自分たちの役割は先人から受け継いだバトンを、次の世代に渡すだけだと答えています。

つまり、新しい価値を生み出そうとするとき、ゼロから考えるのではなく、すでに成功しているビジネスモデルを探したり、既存のものと既存のものを組み合わせることで新しいものを生み出したりするほうが、成功率が高いのです。なぜなら、すでに結果が出ていて、検証もされているからです。

アメリカの実業家であるジェームス・ウェブ・ヤングは、著書『アイデアのつくり方』（CCCメディアハウス）において、「アイデアとは、既存の要素の新しい組み合わせ以外の何ものでもない」と論じています。

たとえば、わたしの知人で、美容院を運営する経営者がいました。

コロナで来店客が減り、人を雇っているために、廃業の危機に…。

対応策を考えるためにアメリカの飲食店のコロナ対策を調べると、飲食チケットをつくり、割引して販売しているお店があることを発見しました。

それを参考に、ＳＮＳで割引回数券を告知すると、多くの人が購入してくれて、その美容院は持ち直すことができました。このように、他業種であっても、成功している人の例は大いに役立つことがあります。

すでに成功しているビジネスの類似型を探す

ビジネスを成功させるには、成功している方法を探して、真似をすることで、失敗の確率が下がります。大手焼肉チェーン店や洋食チェーン店のプロモーションをしたコンサル会社は、成功しているビジネススタイルを見つけて標準化、量産化を行い、ビジネスを広げていったのです。

（例）サンマルク

サンマルクはファミリーレストランの価格と高級レストランの雰囲気を両立させる店で、メニューは２０００～３０００円程度のコース料理がメインです。店内でパンを焼き上げていて、さまざまな種類の焼きたてのパンがお代わり自由になっています。もともとこの業態で成功していた店舗をフランチャイズ化しています。

難しいのは、「成功している人（会社）」を見つけることです。

ポイントは、

Q１　業界で成功している人は誰なのか？
Q２　その人はなぜ成功しているのか？
Q３　可能なら本人に方法を尋ねる

といったところでしょう。

そして、もっとも難しいのは、誰が成功しているのかを見つけることです。

傍から見てもわからないため、その業界の人や税理士、問屋に聞くのが一番。わたしもホームページをつくるときや、新分野のコンサルをはじめるときは、その業界の成功者を見つけて、どうして成功しているのかを分析するところからはじめています。

6　リサーチを徹底する

量産化する前に、お客様のニーズをつかむ

商品開発をするときには、消費者のニーズを知ることが大切です。

「いい商品を思いついた。これはきっと売れるに違いないだろう」と思って商品化を考える人は、非常に多いでしょう。

前項でご紹介したジョンソン・エンド・ジョンソンは、アンケートで量産化できる部分を探し、

商品化し、市場を独占する手法をとっています。

わたしが病院に勤務していたとき、ジョンソン・エンド・ジョンソンからアンケートが届きました。アンケートというと、日本人の感覚ではＡ４用紙１枚で「満足度：１～５」といったイメージなのですが、このアンケートは20ページ以上にわたり、ほぼ市場調査に近い内容でした。

それからしばらく経ってから新商品が発売されたのですが、それは処理できる量を少量に絞り、短時間でサイクルを回せる、当時なかった画期的な商品だったのです。

容量は少なかったのですが、ピンポイントでニーズにはまる商品だったので、その機械はその後たくさん売れたようです。

利益率の分析でニーズをつかむ

わたしが以前働いていた会社では、医療用の滅菌器や洗浄機を販売していたのですが、１台２０００万円以上するため、プレゼンや入札が必要で、販売や利益率に苦労していました。

あるとき、売上を分析してみると、洗剤の利益率が高く、しかも売上に対する利益の額も高いことがわかりました。

そこですぐさまお客様の病院に、洗浄評価のエビデンスを出して、同じ性能で価格の安いものを提案したところ、入札などなく、そのまま契約になったのです。

医療用洗剤はたくさん使うので、容量が多く、１本あたり数千円もします。

しかも、複数の部署で使うので、消費量も多いのです。

このおかげで、労力をかけずに、安定した売上と利益を確保できるようになりました。

しかも、洗剤は毎日使うため、病院に行く頻度が高くなり、自然と病院の人たちと仲良くなり、入札せずに高額な機械など、そのほかの受注も獲得することができるようになっていきました。

(例) アップル

アップル社は1985年に業績不振からジョブズを追い出したことがあるのですが、やがて業績は低迷していきました。このジョブズがいなくなった時期に、アップルは商品点数を増やしました。なぜなら、新商品をつくって販売すると、一時的には売れるからです。

このように、企業は年数が経つにつれ、商品点数が増える傾向があります。

でも、新商品は長く売れ続けなかったため、売上は下がり、在庫を抱えて利益も下がり、会社の負担になることに…。

そして、1996年にジョブズがアップル社に復帰すると、15種類あった商品を4つに絞りました。その後、製品在庫は2つに圧縮されていきました。

さらに、商品を絞ったことで利益や在庫が改善したばかりか、優れた人材が揃った開発チームを4つすべての製品に投入できるようになり、経営者の目も行き届くようになりました。

このように、売上分析をし、顧客や市場のニーズを上手につかんでいきましょう。

7　量産化に成功したものは、自動化できる

人の手がかからないしくみをつくっていく

量産化できると、分業化、自動化もしやすくなります。

自動化できればビジネスはグッとラクになるので、量産化はメリットだらけです。

次頁の表は、商品やサービスをパッケージ化するためのメニュー表です。

商品やサービスを売るには、パッケージ化してメニュー表をつくることが必要です。

メニュー表を出して、説明不要で買うか・買わないか決めていただけるようにしましょう。

ただ、たとえば士業のように、商品があるようでない業界もあります。

固定の商品がなくてもニーズはあるので、ビジネス自体は成り立ちますが、固定した商品がないものは、毎年売上の内容の比率が変わりやすいものです。

また、利益率の高いサービス、主に取り扱いサービスを能動的に獲得できるわけではなく、訪れたお客様の要望に左右されるでしょう。

ところが、固定した商品がない場合であっても商品化することで、受動的ビジネスから能動的ビジネスに変えることができます。

わたしはコンサルタントですが、

〔商品やサービスをパッケージ化するためのメニュー表〕

実行できているかのチェックリスト	他の人が教えられるか	他の人ができるか	手順量産化（簡略化）	手順標準のマニュアル化	手順の標準化	右へ進む
ある・ない	ある・ない	ある・ない	ある・ない	ある・ない	ある・ない	⇒

「コンサルティングを受けませんか？」

と言って、買ってくれる人はいません。

わたしのコンサルメニューでは、バックエンド商品を作成し、集客から販売までの集客導線を6カ月12ステップでつくります。

1～12ステップのポイントが、「形、価格、工程」がパッケージングされていること。これができてようやく、お客様が買うか・買わないかを決められるようになるのです。

値段のないお寿司屋さんで、何が出てくるかわからなければ、お店に入るのに躊躇しますよね。一方で、コース料理のメニュー表があれば、次に何が出てくるのかがわかるので、安心できます。

メニュー表をチラシにすれば、あなたの代わりに営業までしてくれるのです。

そのためにも、メニュー表のタイトルが「ほしくなるもの」になっていることが重要です。

8　量産化したらメニュー表をつくる

説明のいらないメニュー表を作成する

メニュー表づくりでもっとも重要なポイントは、「ひと言も言葉で補う必要がないメニュー表」をつくることです。

先ほども述べましたが、お寿司屋さんにメニュー表がないと、頼みにくいですし、覚悟をしなければお店にも入りづらいですよね？

わたしのビジネスにおいても

「コンサルは必要ありませんか？」

「コンサルを買いませんか？」

と言われても、メニューがなくては買いづらいはずです。

値段を聞かれた際によくある

「案件により、時価でカスタマイズします」

という返答も、相手からするとわかりにくいものです。そういった疑問も見るだけで解決する「一覧表メニュー」ができて、はじめて商品化が完成すると心得ておいてくださいね。このメニュー表のポイントは、「こうなります」というベネフィットがイメージできるようになっているところです。

〔(例1)売れるメニュー表の雛形(1)〕

	内容： やること	こうなります (ベネフィット)	金額
初級・ ベーシック			
中級・ アドバンス			
上級・ プレミアム			
単発 セッション			

〔(例2)売れるメニュー表の雛形(2)〕

	内容：やること	こうなります (ベネフィット)
1回目		
2回目		
3回目		
4回目		
5回目		
6回目		

お客様は、受けていないサービスの説明を見ても、得られる結果を理解しづらいものです。

「この商品を購入するとどうなるのか」というところまで見せられるようにしておくことで、「売れるメニュー表」が完成します。

業務を細分化することで、商品が生まれる

この商品化で成功した例をご紹介しましょう。

有名なところでは、大手弁護士事務所が、業務の1つ、過払金の返還業務を標準化しました。日常業務も、標準化・量産化すると商品化できるという好例ですね。

もちろんこの事務所は、過払金の仕事だけではなく、普通の弁護士業務も行っています。ほかにも離婚やB型肝炎などに特化した商品をパッケージ化しています。そして、1つの商品に絞って紹介していくことで、そのほかの商品も自然と売れるようになるものなのです。

形のないサービスをパッケージ化する

弁護士、税理士などの士業や、コンサルタントなど、サービスはあるけれどパッケージ化されていない業界があります。売上もその年のクライアント次第なので、売上比率は毎年変わります。それでも問題はありませんが、自分の主な業務をパッケージ化すれば、売上を主体的にコントロールできるようになります。

知人の清野宏之税理士事務所の清野さんは、相続に特化した、学ぶ講座、各種生前対策コース、顧問相続税理士コースなどをつくりました。

・相続に関する顧問税理士になるサービス

・相続生前対策解決コース（お金の整理コース、不動産の整理コース、財産管理のための認知症対策コース、財産分けのコース、長生きの準備コース、生前整理コース）

・相続生前対策を親子で学ぶ講座

といったメニューをつくっています。型がありそうでない士業のサービスも、パッケージ化することで購入しやすくなったり、広告を使ったり、戦略的に販売することも可能になります。

とくに、生前対策を教える講座は、いままで、相続手続きをするために必要な知識をサービスで教えていましたが、お金を出して自ら学ぶようになったことで、お客様の意識も高くなったそうです。

これまでの相続案件は死後の納税手続きが多かったのですが、相続が発生してからでは手遅れになることが多く、損をするケースも少なくありません。

でも、このコースをつくったことにより、生前対策がメイン業務に切り替わりました。

現在さらに取り組んでいるのは、経営者が経理経営を学べる講座や、関連企業とのＪＶ（ジョイントベンチャー）を規格化して、商品化することだそうです。

外構工事など、

「自分の業界は、パッケージ化できない」

と思う業界も、１００万円コースなど価格で分けるパッケージ化も有効です。実際にその通りに販売しなくても「見せる商品や検討するための商品」の入口商品があるといいですね。

9　トリミングサロンの量産化

量産化で、お客様も採用も成功！

あるトリミングサロンでは、いままでは新たに採用したスタッフに犬のトリミングを教えて、トリマーを育成していました。

でも、すべてのスキルを習得するのは大変です。なぜなら、犬は人間とは違い、犬種によって毛質がさまざまで、カットの仕方も異なるからです。そのほか、爪切りなど覚えなければいけないことがたくさんあります。そのため、一人前になるには長い時間がかかるのが通常でした。

でも、このトリミングサロンでは、そこからシャンプー技術だけを取り出して、教える講座をつくりました。

すると、トリマーになりたい人や、自分でプロのように洗いたい人が、お金を払って学ぶようになったのです。そして、技術を習得した人のなかから、このお店で働きたいと思う人が出てくるようになり、いい人材の採用につながっているそうです。

また、この講座は動画化して、コースとしても販売しています。

この例からも、量産化できればマネタイズができることがわかりますね。

たとえば住宅会社なら、
・住宅のＣＡＤを教える
・営業方法を教える
・カラーコーディネートを教える
・インテリアコーディネートを教える
などが考えられます。

あなたもぜひ、自分の分野で自由に応用してみてください。

10　講座ビジネスの集客も規格化と量産化で解消できる

講座ビジネスの量産化とは

講座ビジネスの場合、ひとりで広めるには限界があります。

あなたの代わりに広めてくれる人がいると、より広がっていくでしょう。

「体験講座→初級講座→中級講座→上級講座→インストラクター講座」

という流れがある場合、できるだけ短い時間でインストラクターになれて、すぐに教えることができるようになると、講座が広がりやすくなります。

ところが、ついインストラクター講座で陥りやすいのが高レベル化させてしまうことです。じつは高レベル化するほど、挑戦しようと考える人が減ります。

たとえば、

「インストラクターになりたい人が6時間の初級講座を受講すれば、2時間の体験講座を開催できる」というほど簡単につくった講座は、とても人気があるそうです。

人間は何かを身につけるとき、6時間以上の場合は

「難しいからやめよう」

という意識が働きます（6時間の壁：習得に6時間以上かかると挫折しやすくなる）。ですから、できるだけ6時間以内で手短に身につけられ、簡単に稼ぐしくみを商品にするのがポイントです。やがてそのなかからもっと学びたい、もっと知識や技術を深めたいという人が出てくるはずです。

基本的に、人間は、自分にできると思えないことをしようとは思いません。

また、本格的に濃い内容を教えたいと思う人は、10％ほどしかいないものです。

ですから、未経験者でも講座を受講すれば簡単な講座を開催できるようになり、すぐにマネタイズできるしくみが喜ばれるのです。

人間のモチベーションを上げる簡単な方法は、成功体験をさせること。

簡単にすることで、あなたの代わりに教える人が増え、受講する人も増えます。

その両方が増えることで、やがて講座の質も高くなっていくでしょう。

料理教室の例

お客様のなかに料理方法やシステムを教える協会さんがいます。同協会が考える理想的な食事に必要な栄養素を、わかりやすく図表にし、考え方や家庭料理のシステム化を教える活動をしています。もともと食事法の講座には、初級・中級・上級講座があったのですが、そこにインストラクター講座を追加して、合計6時間（2時間×3回）の講座として教えるようにしたところ、とても多くの人から応募が来るようになりました。

このように、大勢のインストラクターが講座を開けるようになると、ビジネスが広がる範囲も速度も変わります。

まったく経験のない素人が、簡単に習得できてマネタイズでき、さらに教えることができるようになることが大切です。わたしの知人で40歳を超えてからビジネスをはじめた人がいます。最初はヨガ教室をはじめようとしたのですが、習得に時間がかかるので、ウォーキング教室にしました。当然、習得もマネタイズもインストラクターになるのも早いので、その人のビジネスは、現在大きく広がっています。

いまは情報やモノがあふれている時代ですから、大量の情報を消費するには時間がかかるために、「時短」に価値が生まれています。ですから、ビジネスも、時間をかけて「完璧」を目指していると、賞味期限が切れてしまいかねません。グーグル社のように、不完全でもローンチして走りながら回すこと、時短でできるしくみで回していくことが必要です。

11　ツーステップマーケティング

本命商品を販売したければ、お試し商品から体験してもらう

どんなにすばらしい商品でも、いきなり売るより、お試しで体験してもらうほうが本命商品を購入してもらいやすくなります。

ですから、あなたの商品を体験してもらう方法を考えていくことで、商品がもっと売れるようになるはずです。

(例)

・化粧品コーナーでサンプル商品を試してから商品を購入する
・デパートで試食をしてから食品を購入する
・通販で無料のお試しセットを取り寄せてから商品を購入する

有名企業も同じです。

ベンツも車検のときは、代車としてグレードの高い新車を代車にしていますし、アップルも、アップルミュージックをお試し期間無料で提供しています。グーグルもグーグル広告の無料クレジットを配布していますね。

このように、モノをたくさん販売している会社ほど、お試し商品をつくるのが上手なのです。

12　プレゼンをつくる

商品を売るためのステップをつくる

商品を量産化しても、いきなり売れるものではありません。

まずは、あなたのビジネスを紹介するプレゼン（セミナー）をつくりましょう。

プレゼンもお試し商品の1つです。商品は買わなくても、プレゼンは聞いてくれます。

このプレゼンがあれば、瞬発的に説明することができますし、動画化して伝えることもできます。

量産化したあなたの商品やサービスのよさを多くの人に伝えるには、説明会でプレゼンをし、伝えるのがいいでしょう。

つまり、セミナーも量産化のためのツールなのです。

アップルも新商品の発売の度に新製品発表会を開き、スティーブ・ジョブズ本人がトップセールスマンとして印象的なプレゼンを行っています。

ピカソは亡くなるときには資産が7500億円もあったと言われていますが、彼は画家としてだけではなくお金を稼ぐことに関しても天才的でした。

先ほどもお話ししましたが、作品を描きあげては画商を集めて展覧会を開き、作品の背景を細かくプレゼンテーションし、それによって画商同士で競わせて高値で売っていたそうです。

価値とは人に認められてはじめて生まれるものであり、人に受け入れられなければその価値に意味はありません。

それを上手に見せるプレゼン力は、とても重要なのです。

プレゼンセミナーの5部構成を活用する

プレゼンセミナーは、５部構成で考えましょう。

⑴　現状、課題、悩み（どんな問題点や悩みがあるのか？）⇓不快

⑵　それがどんな理想の状態になればいいのか？⇓快

⑶　課題や悩みの原因（理想の未来が実現できない理由、あなたがプロとして考える根本原因は何か）

⑷　解決方法（どうすればお客様の問題は解決できるか？　という解決策の提示）

⑸　解決したら何が手に入るのか？⇓ベネフィット

⑹　商品説明

セミナーは、商品説明の場ではありません。

商品のよさやスペックではなく、考え方と価値を伝えてください。

また、具体的解決法を伝えるのではなく、

「本命商品を手に入れたら、どんな理想を手に入れられるのか」

「どんな問題を解決できるのか」

ということをお話ししてください。

あくまで「考え方」を伝えるものだと思っておくといいでしょう。

それ以上の具体的な「やり方」やノウハウは、本命商品で伝えるのがおすすめです。

13　お客様のニーズの分類

お客様が講座に求めるものは、講師の予想と違うことが多い

人気セミナーに出て気づいたことは、講座に出る人のニーズはさまざまだということでした。

わたしはずっと、結果が出る、変化できる、効果がある講座でなければ、お客様が満足しないと思っていました。

でも、起業したいはずなのに準備が整ってもはじめない人、せっかく売れているのにやめてしまう人と出会って気づきました。

その人は、「癒やされたい、ちょっとのお金がほしい、学びたい」これが本当の欲求だったのです。

人気の起業塾などを見ても、本当に起業する人は1割程度しかいません。

だからといって、参加者が満足していないわけではありません。

教える側は、お客様のこのニーズを見極めなければ、ミスマッチが起こります。

お客様自身も気づいていない、本当のニーズに気づけるようになりましょう。

マズローの5段階欲求説に分類して商品を考える

有名な「マズローの5段階欲求説」の欲求を、自己実現欲求と欠乏欲求に分類して考えます。

「欠乏欲求を満たす商品⇒自己実現欲求を満たす商品」に対応して商品展開すると、お客様は成長とともにお金を支払うので、ライフタイムバリューの高い商品をつくることができます。

パレートの法則でいわれているように、2割の顧客が8割の利益を生み出してくれるはずです。つまり、量産化しやすく、マズローの欲求の低い部分の商品を開発すると、需要が多いので、結果的に大きなビジネスをつくり出すことができるのです。

この考え方をビジネスで大いに活用していきましょう。

たとえば、起業塾やコーチコンサル業、ハンドメイドなどの教室があったとします。

この場合、先生は、それを活かして仕事になればと一生懸命教えます。

ところが、実際にそれを実行に移すのは、せいぜい1~2割程度。

生徒の欲求の9割は、欠乏欲求を満たすこと。癒やされたい、認められたい、仲間がほしい（居場所がほしい）、学びたいだけなのです。

そういう人たちは、お金はほしいけれど、月に50万円は不要で、プラス5万円あれば十分。努力やつらい思い、挑戦をするのなら、行動しようとは思わないでしょう。

繰り返しになりますが、先生は、お客様に満足してもらいたい、自分の技術を教えたいという気

〔自分とお客様のニーズの分類〕

あなたが 考える価値	成長欲求100%	欠乏欲求0%
クライアントが 考える価値	成長欲求10%	欠乏欲求90%
	売上を上げたい 起業したい 夢を叶えたい 講座の実現	癒やされたい 認められたい 仲間がほしい 学びたい お金がほしい

〔マズローの５段階欲求説〕

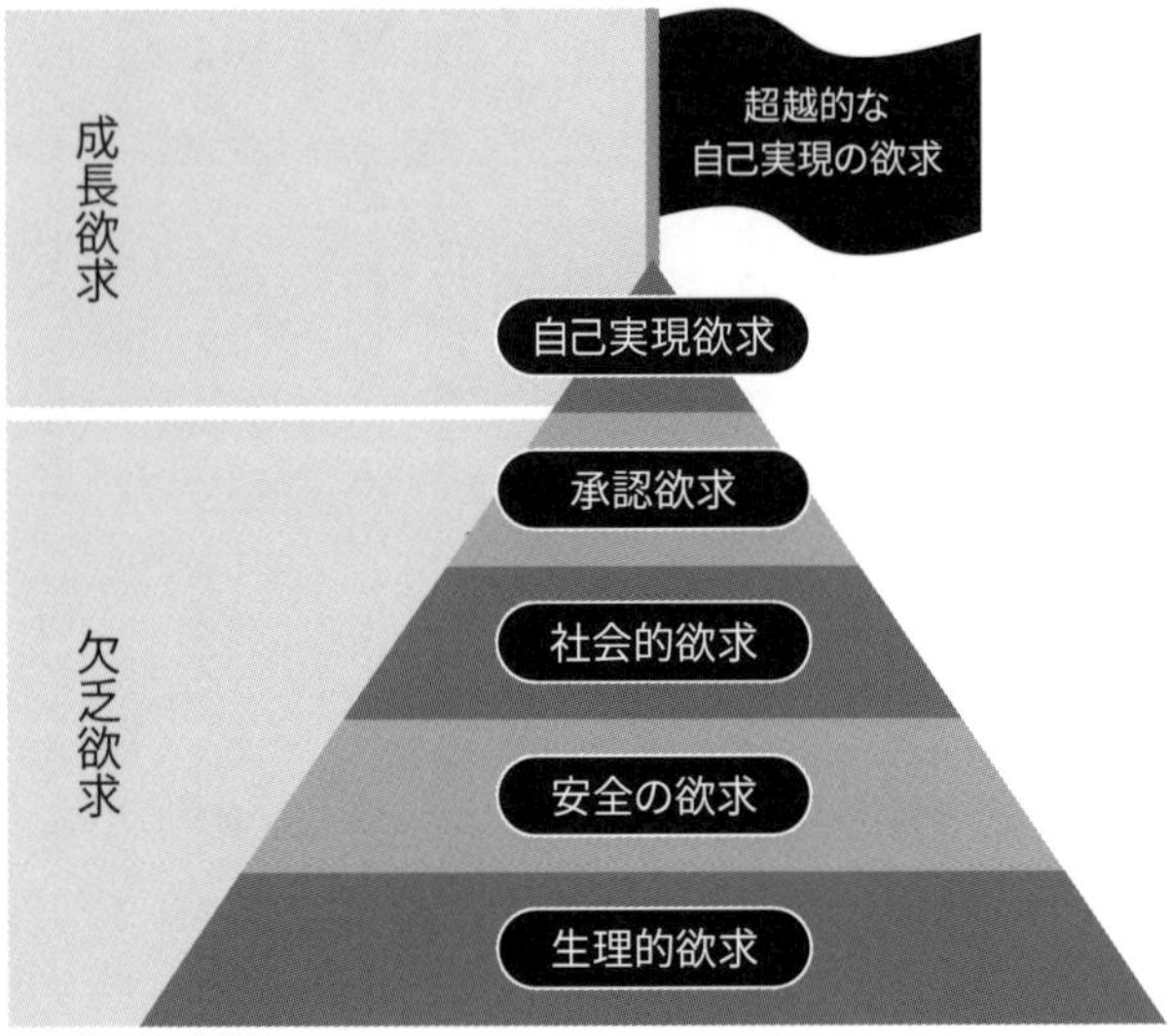

持ちから、自分の講座の内容やサービスを充実させようと、カリキュラムを増やし、内容過多に進む傾向があります。

でも、初心者からすると難易度が上がり、再現性が下がるため、満足度も下がってしまうのです。

たとえば、あるメジャーリーガー養成野球教室では、プロ野球の理論とバッティングフォームを３Ｄ解析し、進捗状況をコンピューターで管理、管理栄養士が食事も徹底させる…となったら、通いたい人は限られています。それより、野球の楽しさや友達とのコミュニケーション、マナーを教える野球教室のほうが、通いたいと思うでしょう。

他の教室の場合も同様です。

・タロット教室なら大アルカナ22枚の内容のみ
・生花教室なら、ラウンド型だけ
・占い教室なら、誕生日だけ

初級はこのくらいに絞らないと、実行できるレベルまで覚えられません。

むしろ、これだけで満足なのです。

お客様のニーズに合わせて、上手に難易度を設定しましょう。

教室ビジネスでも学習塾でも一番大切なのは、「生徒をやる気にさせること」です。簡単にやる気を出す方法の１つは成功体験をさせることです。ファーストステップのハードルは低いに越したことはありません。

14　ライフタイムバリューの高い商品を考える

お客様のニーズに合った商品を開発する

クライアントのなかには結果を出さなくても、学んでいるだけで満足する人もいます。クライアントのニーズにマッチするサービスを提供したほうが、満足度は上がるのです。

先ほどお話ししたように、お客様のニーズに合わせて、商品は

・欠乏欲求を満たす商品（痛みから逃れられる商品）
・自己実現欲求を満たす商品（快楽を得られる商品）

の2種類を用意しましょう。

●欠乏欲求を満たしたい人の欲求

・あと5～10万円ほどの少額のお金がほしい。でも努力はあまりしたくない
・認められたい
・居場所がほしい
・仲間がほしい
・学びたい

●自己実現したい人の欲求

・大きな夢がある人
・どうしてもやりたいことがある人
・新しいビジネスに挑戦したい人
・人をしあわせにするのが好きな人
※じつは、自己実現欲求を満たす商品のさらに上のステージには、「自分の使命を深めたい欲求」もあります。
・命を燃やし価値を生み出し続けたい人
・自分の使命に夢中になっている人
・魂の形に沿って生きて自分を表現したい人
・自分の人生を全うしたい人
・やりきったと思える人生を過ごしたい人

これらを参考に、自分のお客様の欲求を見極めてみてください。

マズローのピラミッドの90％を占める下の層向けに商品をつくると、マーケットは大きくなり、収入も上がるでしょう。

そのあと、上の層へ行けるように初級・中級・上級と商品をつくっていくことで、お客様もステップアップでき、喜んでいただきながら長期的にリピートされるようになります。

中小企業庁の資料を見ると､企業の倒産原因の64%が､新しい顧客を獲得できないことでした（中小企業庁　原因別倒産状況　平成28年度)。

そうならないためにも、ひとりのお客様がずっとお金を払ってくれる関係性をつくりましょう。

そのためには、お客様のステージに合わせて、ニーズに沿った商品・メニューを用意することが欠かせないのです。

15　売れる場所を探す

場所を変えるだけで、需要と供給が変わる

売れる商品をつくれたにもかかわらず、それでも売れない場合、売る場所が間違っている可能性があります。

わたしがはじめて開催したブログセミナーは、５０００円で開催しました。40名弱集まりましたが、お客様から「高い」と言われ、ガッカリした記憶があります。

わたしとしてはこのセミナーをつくるために、50冊以上の本を買い、１カ月も時間をかけて内容を練り、会場も借りていたからです。

でも、このことをきっかけに長野県内のリアル開催をやめて、ネットで募集するようになりました。結果的に、集客範囲が全国に広がったのです。

現在は、講座受講料は10倍の５万円に設定していますが、ネガティブなことを言われることはなくなりました。皆さん「この内容なら安い」と満足されています。

長野県内だけで開催していたときは、本業のコンサルも「高い」と言われることが多く、契約獲得も苦労しましたが、オンライン化してからは、お客様は全国に広がり、集客しなくてもお客様が来るようになり、価格も継続率も上がることに。

セミナーやコンサルの内容を変えずに売る場所、売る相手を変えただけで、著しい変化があったのです。

お客様のいる場所へ足を運ぶ

また、あるときは、ＬＰ（ランディングページ）デザイナーの知人から依頼され、50人ほどのグループで対談をするようになりました。

そこで驚いたのは、「ＬＰが売れない」という相談内容が多かったことです。

なぜなら、わたしはウェブサイトやＬＰ制作の注文依頼が多いのに、制作できる人がいなくて困っていたからです。

つまり、デザイナーさんたちはデザイナーのグループに属していたので仕事に困っており、わたしは起業家のグループに属していたので制作者がいなくて困っていたのです。

このことから、

「自分のお客様になるべき人は、どこにいそうかな？」

と考えて集まりに顔を出すことが重要だと学びました。

制作者は起業家のグループに行くと仕事が見つかり、起業家はデザイナーのグループに顔を出せば、ほしいサービスが手に入ります。

「どこへ行けば売れるのか」という視点を意識して持てるといいですね。

16 ライフタイムバリューを考える

リピートされるメニューをつくる

先ほど、「顧客は上級者から初心者まで、ピラミッド構造になっている」という話をしました。
・ビジネスを考えたときに、どの層に向けて商品をつくるのか？
・どの層に向けてあなたが商品をつくりたいのか？
を考えるなら、あなたのスキルレベルに近い人をターゲットにするほうが、お客様の気持ちもわかるので、おすすめです。

また、そのビジネスに取り組むことで、あなた自身の習熟度も上がり、レベルも上がるので、それに従って次の商品をつくっていくと、動線のいい講座ができます。

さらに、初心者・中級者・上級者というように、異なる層に向けた商品をつくるのもおすすめの方法です。

そうすることで、お客様も自分のスキルに合わせて、初級、中級、上級とすべて購入してくれるかもしれません。

そのほかに、前述した、

・欠乏欲求を満たす商品（痛みから逃れられる商品）
・自己実現欲求を満たす商品（快楽を得られる商品）
・自分の使命を深めたい商品（自己表現や自分の使命を深める商品）

という分け方もいいですね。

このようにしくみを組み立てていくことで、ライフタイムバリュー（顧客生涯価値）の高い商品になるのです。ライフタイムバリューとは、顧客から生涯にわたって得られる利益のこと。ライフタイムバリューを意識して、1回の取引で得られる利益だけではなく、2回目以降の取引で得られる利益も含めて考えることを大切にしていきましょう。

実際、新規顧客の獲得には大きなコストがかかります。でも、せっかく獲得した顧客との取引が1回で終わってしまえば、得られる利益はごくわずかです。

一方、顧客と信頼関係を築いて取引が続くと、獲得費用を回収することも継続的な利益を生むこともできるのです。どうしたらリピートするのか？　を考えればいいのですが、仲良くなる、毎回そのとき必要な物を提供するなど、リピートを優先に商品・サービスを考えるのもいいでしょう。

成熟市場ほど、新規よりリピート

ライフタイムバリューが重要視されるようになった背景には、市場の飽和が関係しています。

成長市場であれば、新規の顧客を増やすことで売上を伸ばすことができるため、企業は魅力的な商品をつくり、プロモーションをかけさえすればうまくいきます。

でも、すでに商品が飽和している成熟市場では、新規需要を喚起することは容易ではありません。ビジネスの仕方を変え、新規顧客の獲得とともに、顧客の定着化をはかることが求められるようになるのです。

つまり、ライフタイムバリューはマーケティング戦略を進めるうえでの重要な指標といえるでしょう。

市場が飽和する前に、しっかりとリピートを獲得できるようなしくみやサービスをつくり、お客様との関係を築いていくことが大切です。

17 ランチェスターの法則でビジネスをする

どんな状況でも、自分が勝てる方法を探す

「ランチェスターの法則」という言葉を聞いたことはあるでしょうか？

もともとは、戦時中に弱者が強者に勝つ鉄則として生み出されたもので、

「同じ兵力数なら武器効率が高いほうが勝ち、同じ武器効率なら兵力数が多いほうが勝つ」というシンプルな法則です。

でも、日本には、これを打ち破った歴史的にも有名な戦いがあります。何かわかりますか？

それは、織田信長と今川義元の、桶狭間の戦いです。

このとき、織田軍は４０００人で、２万５０００人の今川軍を打ち破りました（各軍の人数や、当時の状況には諸説あります）。

人数で劣る織田軍は、正面から戦いを挑まず、山中で休息していた今川軍を奇襲。山に囲まれているため今川義元は大軍を展開できず、近くにいた武将も池や谷を迂回する必要があるため、戦いがはじまってもすぐには駆けつけられません。そのような状況下で、織田勢は大将を討ち取り、織田信長が勝利したのです。

相手の人数が多いのなら、人数が少なくなるような場所をつくる。これは、ランチェスターの法則の１つです。

このように、ビジネスでも弱者が強者に勝つには、強者が手薄になる場所を選ぶ必要があります。マーケティングに置き換えて考えてみると、「ニッチに特化すれば、弱者でも大手に勝てる」ということが考えられますね。

（例）「おすすめスポットを紹介するサイト運営」の場合

・大手：全国の観光地のおすすめを取り上げた旅行ポータルサイトをつくる

・中小・個人：秘境、穴場などの地域のおすすめスポットを紹介する

中小企業や個人事業主は、大手企業のように全国をめぐることは困難ですが、エリアを地元に絞り込み、詳細に紹介することは不可能ではありません。局所的にする分、内容を濃く・深くすれば、大手企業と戦うこともできるのです。たとえば、大手新聞は大きなニュースを取り扱いますが、地方紙は地域密着のニュースや記事を書きますよね。あえて小規模な場所で戦うのです。

そのほかにも、建築関連でブログを書く場合、「新築」などのビッグキーワードで書くより「平屋」や「極小住宅」などのスモールキーワードで書いたほうが検索順位の上位を狙いやすくなります。

このように、ランチェスターの法則を活かして、自社の戦い方を見つけていきましょう。

テストマーケティング

たとえば、ラーメン屋さんをはじめるときにメニューを考えた場合、こだわり抜いた1品で勝負すると、本命商品がこけたらみんながこける、というリスクがあります。流行り廃りもあるのでいままで売れていたメニューが急に駄目になってしまうケースも…。

一方、当月の限定メニューを毎月定期的に発表することで、「今月は何かな？」と楽しみをつくり、リピートをうながし、定番メニューを飽きさせなくする効果もあります。

当たったものをグランドメニューにするという方法もいいですね。

マクドナルドの「月見バーガー」や「チキンタツタ」がいい例です。季節限定商品ですが、限定

で販売することで、希少性を持たせることができます。また、その時期の定期販売が定着してくると、毎年その時期の来店をうながすこともできるのです。そもそも商品開発は、最初から1個に絞ってはじめるより、10個のお試しから、1個の正解を見つけていくほうが生存率は上がります。

このようなテストマーケティングも、どんどん取り入れていきましょう。

そもそもビジネスは1回で成功するほうが難しいのです。ファーストリテイリング／ユニクロの社長の柳井正さんですら、著書が一勝九敗です。フルーツ青汁で有名な青汁王子が、既にレッドオーシャンだった青汁業界に後発で参入する際に試したのが、テストマーケティングでした。黒汁、フルーツ青汁など、まだ商品化していない商品販売ページ（ランディングページ）をつくり、人気のあった商品を販売開始すると言っていたのです。大手の食品メーカーなども、一部の都市で限定販売をして売れ行きを判断してから、全国展開するというのはよくある手法です。ビジネスも商品も10個同時に考えて、どれだけ早く損切りしてよい商品を見つけ出すか、ゲームくらい気楽に考えてはじめてみてもいいかもしれません。起業もサービスもいきなり大きくはじめるのではなく、小さなことからはじめます。まず10個考えてみて、失敗しても次々手段を考えていく。そしてテストマーケティングの判断はあくまで主観で行わず、数字の基準を設け、数字で判断していきましょう。

日銭事業を確立する

わたしはコンサルタント業をはじめるときに、身のまわりにコンサルタントがいなかったので、どうはじめていいのかわからず、Ａｍａｚｏｎで「コンサルタントになる方法」で検索し本を購入してはじめました。

そこで目に留まった1行がその後の運命を決めました。その本には「じつは多くのコンサルタントは売上が少なくて困っている。だからコンサルタントが一番に取り組む仕事は営業活動です」と書かれていて、コンサルタントは他人のビジネスの成長をサポートするのが本業なのに、当の本人が困っていてクライアントのサポートはそれで大丈夫なのかな？　と滑稽に感じましたが、腑に落ちたのを覚えています。中小企業庁が発表する、倒産する会社の原因をみても7割近くが販売不振に関連することなので、実際にそのとおりなのだと思います。ですから、ビジネスというのは、販売活動が8割で、サービスの質を高める活動が2割くらいのウェイトバランスでちょうどよいと感じます。

創業期や業務を安定化させるために優先すべきは、日銭事業を確立することです。わたしはコンサルタントとして起業しましたが、ウェブサイト制作などもできました。地味で、作業が多く手間なので当初積極的に取り組んでいませんでしたが、コンサル業は売上が安定しないため、安定させる方法を考えたときに、ウェブサイトが便利なことに気づきました。1サイト制作し納品すると管理費が毎月入るようになり、業務も安定します。ウェブサイトをつくるとコンサルの依頼もいただくようになり、ビジネスが安定しました。その後、ランディングページもつくるようになると、より効率的に収益を上げられるようになったのです。つまり、もっとも簡単に、かつ早回しで量産化できることをはじめればビジネスは安定します。日銭が安定的に入る方法を模索しましょう。

第4章　「教育」を量産化する

1　マクドナルドも「量産化」が成功のカギ

教育やオペレーションを量産化する

飲食店の量産化の成功例として、改めてマクドナルドを紹介しましょう。

ビジネスを拡大させるには、「誰にでもでき、誰にでも教えられる」という標準化を図り、広がりやすい構造をつくることが不可欠です。

業務や教育を標準化することで、一定の品質を保ち、多くの人に伝えられるようになります。

これは、いまでは一般的になったフランチャイズのしくみです。その最たる例が、マクドナルドでしょう。

マクドナルドは、いち早くハンバーガーを標準化し、オペレーションを簡単にする教育ができたため、これほどまでに広がったのです。

マクドナルドは、もともとカリフォルニア州サンバーナーディーノでマクドナルド兄弟がはじめたハンバーガーショップです。

ある日、ボヘミアユダヤ系の実業家レイ・クロックが、（ミキサーの行商中）たまたまマクドナルド兄弟の店にやって来て、マクドナルドの店舗のしくみに興味を持ちました。

とくに興味を持ったのは、客席の回転率が非常に高く、相当数の人数の客を次々とさばけることです。

（マクドナルドの工夫）

①当時のハンバーガーショップは、映画『アメリカン・グラフィティ』のようなドライブインレストランのようなイメージで、車がたくさんいるところに、ローラースケートを履いた店員が行き来して注文をとり、トレイに乗せてハンバーガーを届け、車にセットして食べるというシステムでした。でもこれでは、注文から商品の提供まで30分はかかります。注文間違いも多く、チップも必要です。そんななかマクドナルドは、いまでは一般的になった、ドライブスルーを導入したのです。

②それまでのレストランは、厨房が隠れているクローズドキッチンが当たり前だったのですが、それに対してマクドナルドはオープンキッチンを採用。

③当時の飲食店は不良などのたまり場になりやすく、きれいな場所ではありませんでしたが、店内を清潔できれいにすることを徹底。

④ほかのお店ではハンバーガーをお皿で提供していたところ、マクドナルドでは紙に包んで提供し、食べ終わったら包み紙をゴミ箱に捨てるだけにした。

⑤グラウンドに厨房の大まかな配置を書き、従業員を配置してハンバーガーをつくるシミュレーションをし、作業で交通渋滞が起きそうな場合は配置を変えて、理想の形をつくる。

このような工夫を重ねて、マクドナルド兄弟は、基本的なシステムを完成させました。

量産化には、よりシンプルなものが向いている

同じハンバーガーショップでも、マクドナルドとモスバーガーとではしくみが大きく異なります。「広く多くの人に届ける」という量産化の視点で見ると、手の込んだ調理をし、オペレーションが複雑なモスバーガーは、おいしいけれど、提供までに時間がかかります。

世界中に進出していて人気もありますが、マクドナルドほど広がっていない理由は、このつくり方の構造も関係しているかもしれません。

もちろん、これはあくまで「量産化」という視点での考え方です。モスバーガーは量産化重視ではなく、「つくりたてを提供することで、おいしいものを追求する」というコンセプトを持っているので、このような差が生まれるのでしょう。

ここまでお話ししてきたように、多くの人が、「いいアイデアがあれば、このアイデアは世の中に受け入れられ、広まる」と思いがちですが、実際は、それだけではうまくいきません。

ビジネスは、「教育」を量産化することで大きく広がっていくものなのです。

マクドナルドの歴史からも、そのことを知ることができますね。

フランチャイズでは教育の量産化が重要

マクドナルドの繁盛する様子を見て驚いた、のちにマクドナルドを買収するレイモンド・アルバー

ト・クロックは、

「フランチャイズで、システムそのものを売る商売をはじめてはどうか?」

とすすめました。

でも、マクドナルド兄弟はなかなか乗り気にはなりません。その理由は、すでに7回も失敗した過去があったからです。

失敗した大きな理由は、サービスや味の品質を保てたのは、マクドナルド兄弟がいる直営店のみだったのです。当時のマクドナルドは、メニューがハンバーガー・チーズバーカーの2種類だけにもかかわらず、

・素早くメニューを提供できない
・簡単な調理法にもかかわらず、スタッフがレシピ通りにつくることができない
・勝手にメニューをつくって提供していた
・きれいなお店にするための掃除の徹底ができなかった

などです。

つまり、マクドナルド兄弟は、商品やサービスの提供の量産化には成功し、自分のお店は繁盛しましたが、教育の量産化ができず7店舗が限界で、それ以上お店が広がらなかったのです。

ここからもわかるように、フランチャイズの極意は「教育」と言っても過言ではありません。

マクドナルドが今日のように、飲食店NO1にまで広まったのは、レイ・クロックによる「教育

の量産化」が成功したことが大きいでしょう。

マクドナルド兄弟を説得した彼は、朝から何店舗も回り、店長に対して、現在のマクドナルドでも基本にしている考え方（マクドナルドのウェブサイトにも記載してあります）「ＱＳＣ＆Ｖ：品質・サービス・清潔さ・価値」を徹底的に守らせました。

https://www.mcdonalds.co.jp/company/outline/rinen/
〈マクドナルド公式ホームページからの引用〉

レストラン・ビジネスの考え方

おいしさと笑顔を地域の皆さまに。

お客様だけではなく、従業員、そして地域の皆様に笑顔になっていただくことがマクドナルドの存在意義です。ＱＳＣ＆Ｖを基盤に、従業員１人ひとりがマクドナルドの価値観を理解、共感、体現することで、「おいしさとFeel-Goodなモーメントを、いつでもどこでもすべての人に」お届けします。

マクドナルドからのメッセージ

Quality品質

マクドナルドでは、レギュラーメニューを「世界共通の品質」で提供。この「同じおいしさを維持する」ため、国ごとでの指導に加え、世界各国の品質担当者が一堂に会して食材の分析・検討を行うProduct Cutting（品質審査会）を定期的に開き、基準の統一を図っています。こうした妥協を許さぬ品質管理の実践が、マクドナルドの確かな品質を支えているのです。

Service サービス

マクドナルドは子供たちが選ぶ「連れていってほしいお店」のNO1（マクドナルドによる市場調査）。その理由は、ハンバーガーの人気に加え、優しく応対してくれるクルーのお姉さんやお店の雰囲気にあるといわれています。

真心のこもったサービスを実践し、お客様に心地よい空間をご提供することで、"FUN PLACE TO GO"「マクドナルドに行けば何か楽しいことがある」と感じていただける、そんなお店づくりを行っています。

Cleanliness 清潔さ

本来、食に関わるすべての人々が重視しなければならない、Cleanliness（清潔さ）の重要性を再認識したところからマクドナルドはスタートしました。

創業者レイ・クロックは、"Clean as you go"「行くところすべてきれいに」と指導。このように店舗・厨房の清潔さを徹底して追究するというクロックの精神は、マニュアルの1つひとつの業務や厨房機器の設計にまで活かされ、実践されています。

Value 価値

Q（品質）、S（サービス）、C（清潔さ）が最高の形で結びついたとき生まれるのが、さまざまなValue（価値）。それは、おいしいものをおいしく食べられる素敵な空間、家族の笑顔がこぼれるくつろぎの場、いつ行っても楽しい場所、車に乗ったままで買えるドライブスルー。お客様の「満足」につながるものすべてがValue（価値）なのです。本物のV（価値）を生み出すために、私たちは常に完成されたQ、S、Cの実践を心掛けています。

このように、マクドナルドは教育のポイントを4点に絞り徹底させたことで、フランチャイズに成功しました。商品にこだわったマクドナルド兄弟はフランチャイズを拡大できず、教育に力を入れたレイ・クロックはフランチャイズに成功。つまり、教育の標準化・量産化に成功したのです。

「誰もが再現できる」マニュアルづくり

世の中に広く普及するものは、量産化のしやすさが大きなポイントです。

現在のマクドナルドは、マニュアル化が徹底されていて、たとえば、「ポテトは時間になるとアラームがなる、ケチャップは定量が出る」といったしくみがしっかりあるため、新しく入ったアルバイトでもハンバーガーをつくれるようなシステムになっています。

簡単に習得できて、早く収益化ができるほど、ビジネスは自動的に広がりやすくなるでしょう。

「昨日働きはじめた高校生に、誰でも同じ教育の提供ができ、今日から働いてもらえることでマネタイズになる」

これがビジネスでは大きな差になっていきます。

このような歴史からもわかるように、マクドナルドは味を追求して世界ＮＯ１の外食産業になったわけではありません。

「お肉を焼くのにマイスター制度をつくる」など職人的なことは量産化向きではないので、マクドナルドで実施されることはないでしょう。

それでも、とくに日本の職人は「質」にこだわるのが好きなものです。

でも消費者は、いいものを安く買うことが大好きで、それを得意とする民族でもあります。

間違えやすい点として「良質な商品やサービス」があれば、フランチャイズ化が可能であると思われがちですが、順番が違います。

最初から量産化を考えてつくった商品やサービスでないと、広く多くに届けようと思ったときに、何かしらの不具合が出てきてしまうものです。

マクドナルドの場合も、マクドナルド兄弟はフランチャイズを成功させることができず、途中からビジネスに参加したレイ・クロックが成功しています。このことからも、商品、サービスだけではなく、「考え方」や「教育方法」も重要であるとわかりますね。

量産化を考えることで、誰にでもできるように難易度を下げ、より多くの人に広めることができるのです。

視点の位置

ご紹介した、レイ・クロックとマクドナルド兄弟のマクドナルド創業物語は、書籍『成功はゴミ箱の中に』（レイ・A．クロック（著），ロバート　アンダーソン（著）／プレジデント社）と映画『ファウンダー　ハンバーガー帝国のヒミツ』で紹介されています。

後日談として、レイ・クロックとマクドナルド兄弟はその後関係性が悪くなり、最終的にはマクドナルド兄弟は店を乗っ取られてしまいました。

わたしがここで考えたいのは、「視点」の問題です。

個人の視点・お店の視点・社会の視点…どこで見るかによって、見え方が異なります。

たとえば、「マクドナルド兄弟がかわいそう」という人は、すべて個人の視点です。

一方、「こうしてマクドナルドが世界に広がったのか…」と感じる人は、社会の視点から見ています。

実際、教育の量産化に成功したのは、レイ・クロックです。マクドナルド兄弟の力だけでは、いまのようなマクドナルドにはなり得なかったでしょう。

もちろん、職人として個人やお店の視点のままでいることも選択肢の1つですが、ビジネスを大きくしようと思ったときには、個人の多少の犠牲は許容範囲であると考えられる「社会の視点」を持つ意識も必要になります。

2　茶道は「作法の量産化」したもの⁉

形のないものも「量産化」できる

鎌倉時代は、それまでの貴族中心の社会から武士中心の社会に変わる転換期でした。

貴族に雇われている兵士に過ぎなかった武士が権力を持ったことは、それまでの常識や価値観が通用しなくなったことを意味します。

「侘び茶」の茶道が流行するのにともない、茶道といえば「マナーが厳しい芸道」というイメージも広まりました。

これは、当時の茶会が武士や豪商の社交場であり、現代社会における接待の場に相当していたことが理由です。

接待の場なので、相手を不快にさせない礼儀作法が求められます。

そのため、次第に茶会独自のマナーが形成されるようになり、江戸時代には武士がマナーを学ぶための必須科目となったのです。

現在まで続く茶道の流派の多くが江戸時代に誕生し、武士に限らず多くの人が礼儀作法を学ぶ目的で、茶道に接するようになりました。

このような歴史を経て、お茶の作法はマニュアル化され、教育として普及し、現代まで続いています。

形のないものが商品となり、何百年も続いていることに驚かされますね。

この茶道の作法のマニュアル化・量産化からわかるように、量産化する商品は「形」になっていなくてもいいということがわかります。

茶道は、「教育」や「やり方」が商品となる革命を起こしたともいえるでしょう。

また、広く長く普及させるには、いかに教育が大切なのかも考えさせられます。

時代や手法が変わっても、ビジネスの本質は何百年も変わっていないのです。

3　専門性の高いものを仕事にするための量産化「伝筆®」

量産化したビジネスのほうが成立しやすい

字や絵が上手な人はとても多いのですが、それがビジネスとして成り立っている人は、ほんの一握りです。たとえば、絵が上手な人が同人誌をつくり販売するイベント「コミックマーケット（コミケ）」には、サークル参加で3万2０００人、一般参加者で75万人超の人が集まっています。

そのなかには、

「漫画家や書道家といったプロとしては活動できない…」

という悩みを抱えている人も大勢います。

では、どうすれば、字や絵を仕事にできるのでしょうか？

まず、絵の上手さだけでビジネス化するのはとても困難です。

でも、「絵（字）を教える」となると、もう少し難易度が下がるため、書道や絵画の教室や講座などはたくさんあります。

・画家・書道家→専門性、品質／ビジネスの難易度が高い

・書道教室→標準化・量産化／ビジネスの難易度は低い

また、書道教室は、画家・書道家になるためのステップととらえることもできます。

まず教室の標準化・量産化に成功すると、個人の認知度も上がります。そして認知度が広がれば、好きなものを書いても購入してくれる人がいるため、個展などを開催することができるようになっていくはずです。そうして、個展に来場者が増えれば、絵の販売数も増え、ビジネスとして成立しやすくなっていくのです。

量産化は誰にでもできるようにする発想から生まれる

いま会員が大きく増えている「伝筆《つてふで》®協会」は、筆文字の書き方を教える協会です。

誰でもまるで絵画のような可愛らしい文字を書けるように手順が決められています。

①手順を決めること（標準化）

②教えること（量産化）

をすることにより、ビジネスとして大きく広げることができているのです。

では、なぜこの「伝筆《つてふで》」が生まれたのでしょうか？

伝筆《つてふで》協会の代表、侑季蒼葉《ゆうきあおば》さんは、もともとコーチングが大好きで、経営者やエグゼクティブへのコーチングを仕事にしていました。あるとき、インストラクターの育成に限界を感じ、誰にでもできるようにするにはどうすればいいのかを考えるようになったそうです。

コーチングは目に見えない「会話」が商品です。でも、人は目に見えないと大事なことでも忘れてしまう傾向があります。ましてや経営者は日々の刺激が多すぎて、言ったことを忘れてしまいやすいものです。

そこで、大事な言葉は文字にするようになったそうです。

こうして、コーチングでミッションやビジョンを言語化していったそうです。言葉にすることで俯瞰して見ることができますし、繰り返し見ることで自己対話が生まれ、自分のなかでも意味が深まります。しかしコーチングはマンツーマンです。また教えるのも難易度が高いため、もっと多くの人を元気にする方法はないか？　と考える日々のなかで、あるとき、侑季蒼《ゆうきあお》葉《ば》さんに落ち込む出来事があり、たまたまポストに投函された「太陽のような笑顔」という文字に感動し、励まされて気づいたそうです。文字を使えば、より多くの人を元気にできる。文字の書き方をマニュアル化すれば誰でもできるようになる。

こうして文字の書き方と手順を決めて、誰でもできるようにしたのが伝筆《つてふで》のはじまりです。いまでは、大切な人へ、お世話になった方へ、そして親から子どもへと、想いを伝えるための技術として広まっています。実際に手順を決めて教えられるようになっているため、誰でも美しい文字を書けるようになり、教える先生も育てることができるしくみになっています。

コーチングでは限りある人数の人をしあわせにしていたのですが、伝筆にしたことで、より多くの人を元気にすることができるようになりました。

教えることは比較的簡単に量産化ができる

これは、文字だけでなく、華道や茶道も同じです。

きれいに花を活ける、上手にお茶を点てるだけではビジネス化は難しいのですが、手順を標準化して、量産化することにより、ビジネス化が可能になります。

そして、方法や手順を標準化した「教室」は、何百年も多くの人に親しまれているので、ニーズも多いもの。「教えること」を量産化することで、広く、長く、大勢の人に広まっていくのです。

4 教育の標準化を進めると、組織(会社・コミュニティ)も国も豊かになる

教育に取り組むことで、国や文化が発展する

歴史を見ても明らかですが、平和になって教育を平等に届けると、国や文化が発展します。

たとえば、ひとり当たりの国民所得はすでに日本を抜き去り、驚異的な経済発展を遂げたシンガポールは、まさしく、教育の量産化で発展してきました。

シンガポールはいま、日本よりも3～4割高い国民所得を実現しています。そういった意味では、日本をはるかに上回る最先進国になったともいえるでしょう。

でも、シンガポール自体は、淡路島ほどの面積の国土しかなく、人口も550万人ほどの小さな国です。

ではなぜ、そのような東南アジアの小国が、これほど急成長できたのでしょうか？

シンガポールはたった20年で奇跡の急成長を遂げ、世界中を驚かせた

シンガポールの国土は資源がなく、水が十分に出ないため農業生産もできません。

食料も自給できないという非常に不利な条件に囲まれているのですが、どうして目覚ましい経済発展を遂げたのでしょうか？

1965年にマレーシアから分離した当初、シンガポールは資源も富もない国でした。

そこで初代首相リー・クアンユー氏は、一党独裁の強力なリーダーシップを発揮し、いまに続く経済発展の基盤を築きました。

シンガポールの資源は「人間」です。

人口が少ない国の経済成長のために、人材育成を最優先課題に据えたのです。そのために、まず

政情の安定をつくり出し、観光業や金融業が発展しました。

教育に資金を投資する

2020年12月、国際教育到達度評価学会（IEA）が2019年に実施した「国際数学・理科教育動向調査（TIMSS）」の成績を世界各国で比較してみると、シンガポールが小学校中学校の算数・数学、理科ともにトップを独占していることに気づきます。

シンガポールはPISA2018においても、全参加国中すべてで2位という結果を残しているのですが、これは英語を公用語にしていることも大きいでしょう。教育省が所管する算出予算は、全体の約20％を占めているということからも、その力の入れ方がうかがえますね。

この政策の柱になったのが、これから紹介する「システム、安全、平等」の3点です。

①システム

シンガポールの教育における大きな特徴が、習熟度別・能力別の学習システムです。

小学校高学年（5・6年）になると各教科で習熟度別クラスに分かれるのに加え、卒業時には国家試験として小学校卒業試験を受けます。

その後、中学校では能力別クラスに分かれて、異なるカリキュラム、教科書で学んでいくのです。

このシステムにより、1人ひとりの能力に合わせて学ぶことができるので、適切な学習課題をクリアしていけます。

②安全

現在、世界の安全な都市ランキングの1位は、シンガポールです。次いで2位が東京、3位に大阪となっており、シンガポールは世界中から見てもとても治安のいい都市になっています。

実際、シンガポールでは年間犯罪件数が日本以上に少なく、非常に治安が安定している国です。

その理由には、

・街中にあるおびただしい数の監視カメラ

・厳しい刑事罰

といった国家をあげたしくみが大きく関わっています。

③平等

シンガポールでは、中国系以外のマレー系のタミル人（インド系）も平等に扱われています。

具体的には、中国系が話す中国語、マレー系が話すマレー語、タミル人が話すタミル語のすべてを公用語に制定しました。

つまり、「えこひいき」はしないということ。

主要民族の言語をすべて公用語にしたことで民族対立はほとんどなく、極めて政情が安定しています。また、母国語が異なる国民同士の共通の言語として広く話されていることから、英語も公用語に制定しています。

例をあげればキリがありませんが、発展している組織や国は、このように、軒並み教育に力を入れています。

このシンガポールの例は、組織の成長や発展といった観点でも、まったく同じ理論が当てはまります。教育をしくみ化し、誰が教えても同じ水準で教えられる標準化と量産化をすることは、企業にとっても、とても重要なものなのです。

それにもかかわらず、日本企業はいまだに職人的思考で「教育係にまかせて教える方式」をとっているところが大半です。

こうなると、教え方は、教育係のスキルに依存することになります。

加えてシンガポールのように、公平に扱う評価システムを採用している組織は、まだほとんどありません。

・誰かに任せている
・労力とお金をかけていない
・公平な評価基準がない

これらが揃っていなければ、「教育」に取り組んでいないのと同じようなものです。会社を成長させたいのなら、安全な環境をつくり、教育に時間をかけて平等に学べる環境を整えましょう。

5 教育に対するリーダーの方針で、会社の業績も変わる

教育方針で会社はよくも悪くもなる

教育に関わる話として、わたしが以前勤めていた会社の話をします。

当時の社長は、生え抜きで教育熱心。外部機関を使って新人研修を2週間も行ったり、定期的な営業研修・リーダー研修を盛んに行ったりしていました。

大きな会社でしたが、社長はフロアにも顔を出し、廊下で新人にも声をかけていました。また、新人教育にもバディをつくり、丁寧に行っていたため、わたしの住む長野県内では、20年連続1位とダントツの結果を残していたのです。

ところが、社長が交代し、親会社からの出向で社長が派遣されました。出向の場合、社長といっても、役職の1つになります。新しい社長は自分の保身が中心になり、典型的な縦割り組織になってしまったため、その後、業績が低迷しはじめたのです。

・システム廃止　⇓　経費削減により教育機関に依頼していた教育制度は廃止
・不平等　⇓　上司に取り繕う部下、親会社に関連する人間が優遇
・安全ではない　⇓　上司に意見を言う人間は左遷される

これでは、会社がよくなるわけがありませんよね。

このようなことのないよう、上司の顔色を窺わず、安心して働ける環境をつくるために、

・システム　⇓　教育マニュアルと適正な教育を行えるしくみ
・平等　⇓　誰が評価しても同じ評価ができる、上下関係の感情に依存しない評価システム
・安全　⇓　派閥や人間関係に影響されず、意見を自由に言える風土

を取り入れていきましょう。

教育係の優劣が組織に影響する

青山学院大学陸上競技部・長距離ブロック監督の原晋さんは、学生の頃から陸上に打ち込み、大学卒業後は社会人チームで競技を続けていましたが、引退してからは企業の営業部で働く１人のビジネスパーソンとして、忙しい日々を送っていたそうです。

駅伝の指導経験は「ゼロ」。でも、そこから監督としての手腕を発揮し、実績を積み上げていきました。

原晋監督就任から5年後の、２００９年に青山学院大学は33年ぶりに箱根駅伝出場。そして２０１５年には初の総合優勝。それから２０１８年にかけて4連覇を果たし、２０２２年には大会新記録を更新して優勝をしています。

就任した当時は、ほめる指導はほとんどなく、20年、30年前と同じ昭和の体育会気質のままだっ

たそうです。

そのために、まず取り組んだことが、人を育てるために組織をつくることでした。

これは、「よりよい組織が、よりよい人材を育てる」という考えがあってのことだそうです。

もし1人のカリスマに頼るのであれば組織はいりません。

でも、とてつもない才能を持った優秀な人材は来ませんし、そんなスーパースターがいたとしても、活躍できるような状況ではありませんでした。

2015年に初めて箱根駅伝で総合優勝をしましたが、そのときのメンバーが監督就任1年目に揃っていたとしても、優勝できていなかったと思います。

どんなにいい人材がいても、土壌がよくなくては、花は咲きません。

そして、いい人材を育てるためには、いい組織をつくることが必要不可欠なのです。

6　教育の失敗は「感情評価」になることが原因!?

「いい人が来ない…」と思っていませんか?

教育でよくある失敗は、経営者や上司などの「評価者」の感情によって判断することが原因です。

会社員だった頃、上司が精神的な問題で会社に来なくなりました。

その後、わたしが仕事を引き継ぎ、成果を出したところ、半年後に戻ってきた上司は会社で自分の地位がなくなったと感じ、わたしへの低評価やいじめのような扱いをはじめたのです。

上司が部下を評価するのは、自分を超えないこと。自分の地位を脅かさないことです。悲しいことですが多くの会社で、その個人を評価するより、上司が自分にとって都合のいい人間を評価する環境になっています。

これはよく聞く事例ですが、会社の発展には弊害となる、大きな問題です。

昔、義足のアスリートがいました。最初は誰もがその選手を応援していましたが、あるときカーボン製の義足をつけて、健常者のレースに出られるようになり、結果が出はじめたところ、急にバッシングが起きたのです。

人が他者を応援できるのは、「自分を超えない、脅かさないところまで」という心理が働くということが、よくわかる事例ですね。このようなことを防ぐためにも、上司の個人的な感情が入らないような評価基準を設けることが大切なのです。

給与体系の公平性を見直そう

また、「いい人が来ない…」と採用に悩んでいる場合、給与体系が公平でないケースが多々あります。たとえば、上司は固定給になっていて、新しく入ってきた社員たちは歩合給、また利益率によって収入を加減する、といった具合です。この場合、上司は管理という立場はあれど、給与体系が変わる気配はありません。でも、新人からすれば、不公平な給与体系ですから、会社に将来性や希望を感じないため、一生懸命働こうとしなくなってしまいます。

小さな会社が成長すると、その時々で給与体系が変更されるため、古い社員ほど優遇されるケースも少なくありません。しっかりと見直さなければ、不平等になりやすくなってしまうのです。

そもそも、中小企業では、きちんとした評価制度がないところも多いでしょう…。

社長が評価する場合でも、社長の個人的感情による判断になりやすいため、注意が必要です。

誰がやっても同じ評価になることがもっとも理想的です。

募集文章などを魅力的にするのは、お化粧をしているようなもの。釣り広告のような状態です。

まず、評価制度を整え、平等で公平な制度にし、それにもとづいてさまざまな情報を発信してください。

正当な評価制度があるから、良質な人が集まり、人が育ち、それが外部にも伝わるのです。

根本的なしくみからつくっていくことが大切です。いい人を採用したいなら、働きがい、やりがいのある会社にするために、公平なしくみをつくりましょう。

評価制度をうまく使って売上アップ

評価制度がうまくいっている会社は、どうしているのでしょうか?

それは、個人の感情による判断を減らしていくことです。

わたしの知人の会社は、評価者を複数人にしています。評価のサイクルも1年に1回ではなく、

3カ月に1回にしています。また、同じ目標設定と評価シートを使って評価をするのです。

これは、1人の評価者が感情的な評価をしても、影響度を低くするためです。

また、そのほかの会社のケースですが、上司・部下・同僚を評価し合う「360度評価」という方法もおすすめです。人間は評価される立場になると、自然とそれに対応した行動をするからです。

(例) 焼肉の人気チェーン

全国的に店舗数が多いので、牛角で食事をしたことがある人も多いのではないでしょうか。

そんな牛角の本店は、東京の「三軒茶屋店」。1996年1月、三軒茶屋に「焼肉市場　七輪」という店名で創業しました。

当時はあまり来店客がいなかったのですが、「会計の際に店へのクレームを言ってもらえたら、300円を割引」というしくみを導入。

あがってきたクレーム内容を次々に改善したところ、繁盛店となっていったのです。

同時に、お客様アンケートによるスタッフへの評価を給料に反映したり、網を変えるのも評価ポイントにしたりして、サービスを向上させました。

(例) 予備校の先生

予備校の先生の授業はおもしろいのに、学校の先生はなぜかつまらない…と感じたことがある人も多いかもしれませんね。

その大きな理由の1つは、学校の先生は「評価」されないからです。

予備校の先生は、授業がおもしろくなければ自分のクラスに人が集まらず、給料も減ってしまいます。そのため、常に「どうすれば授業に来てもらえるのか」を工夫しています。

一方で学校の先生は、授業がおもしろくなくても、生徒は聴かざるを得ません。さらに、生徒が授業を聴かなければ、内申書の採点を減らすことができるしくみになっているのです。学校の授業がつまらないものになってしまいがちなのは、これが原因でしょう。

また、これは文章でも同じことが言えます。アクセス解析を見る人と見ない人とでは、ブログのアクセス数に大きな差が出ます。

ブロガーはアクセス数という評価にさらされるので、おもしろく読まれる記事を書きます。

その一方、新聞記者は読者に評価されないので、読者には響かないケースもあるのです。

人事に力を入れる

ここまでたびたびお話ししてきましたが、企業は「人事」を安易に考えがちな傾向があります。人事を「労務管理部門」程度にしか考えていない企業も多いでしょう。

でも、「会社は人なり」と言われるように、人はとても大切です。たとえばリクルート社は、人事にもっとも優秀な人材を配置するようにしているため、現在の規模まで発展したのでしょう。

7　美容師の育成を変える

美容室「Agu. Hair Salon」の拡大のカギは「教育」

美容業界では、一人前のスタイリストになるまで3～5年かかるとされ、その過程は大変厳しいものです。終業後の深夜に練習を積み、長時間労働で休みも少なく、「修行」という名のもとに低賃金を強いられます。

上下関係の厳しさなどもあり、途中であきらめてしまう人も多いのです。

そんななか、美容室美容室 Agu. Hair Salonを運営する株式会社ＡＢ＆Ｃｏｍｐａｎｙは、長時間労働、低賃金が常態化している美容業界の労働スタイルを一掃し、美容師の社会的地位向上をはかっています。

この「美容業界を変える」という信念のもと、創業者の市瀬一浩さんが取り組んだことの１つが、「スタイリスト・ファースト」の職場づくりでした。

創業当初から業務委託サロンとして運営することで、スタイリストは自分の裁量で勤務時間を決めることができ、ライフステージや環境に合わせて勤務することを可能にしました。これにより、産前産後・育児のために仕事を一時やめた人も職場復帰がしやすくなり、生き方や働き方の選択肢が広がったと言います。

教育方法も改革した

美容室 Agu. Hair Salonは、通常アシスタントからスタイリストとしてデビューするまでに3～5年かかるところ、わずか1年でデビューできる教育制度をつくっています。

一般的なサロンでは、アシスタントは営業時間の前後か休日にしか練習ができず、その練習時間は無報酬であることが多いものです。

この過酷な労働環境がネックとなり、一般的な美容室では1年間で30％ほどの新人がやめてしまうのです。

そこで、美容室 Agu. Hair Salonは、新卒の給与水準を大卒の新卒初任給（東京都平均23万円）と同水準まで高く設定したうえで、研修中も給与を支給。

週5日勤務のうち3日は日中に練習をさせて、残りの2日間はサロンワークを通して実践的な練習をするように環境を整えました。

このように、通常の2倍ほどの練習と店長クラス以上の徹底した指導を経て、1年間でスタイリストとしてデビューし、早ければ数年でフランチャイズオーナーへのキャリアを得られるようにしたのです。

この独自のスタイルが求心力となり、同社の新卒定着率は80％以上を誇っています。

こうして、「フランチャイズビジネス」と「業務委託」という新しい形を生み出し、創業から10年あまりで500店舗を抱えるサロングループとして成長を遂げていきました。

8　会社内の教育を規格化・量産化する

すぐに習得できるしくみでマネタイズまで期間を短縮する！

会社において、教育の量産化は非常に大きなメリットがあります。

量産化のメリットは、誰でも一定品質で教えることができるようになり、誰でも一定品質の業務能力を発揮できるようになって、働き出してから短い時間で、稼ぎはじめられることです。

すでにお話しした通り、マクドナルドのアルバイトも、初日から売上をつくれるようにしくみ化が徹底されていました。

３年間かけて一人前の社員にするのではなく、入って３ヵ月で、働けるようになることがとても重要なのです。

稼ぐ人が多ければ多いほど、新人がマネタイズできるようになる期間が短いほど、会社は多くの収入を得られます。ですから、

「マネタイズまでの時間を、どうすれば短くできるのか？」

と考えるしくみづくりが大切です。

短期的に見て、会社で新入社員の研修や教育にお金をかける余裕はない、と考えるのではなく、長期的に考えて、教育は有効な投資であることがわかります。

分業することで、育成速度が変わる

ある会社では、1人の担当者がお客様との打ち合わせ、設計やデザイン、CADを使った清書、工事の受注から施工管理までを行っていて、一人前になるまで3年はかかっていました。

そこで、「打ち合わせする人・デザインをする人・CADをする人・工事をする人」というように担当を分けたところ、それぞれの社員がその担当分野では3カ月かからずに、一人前に働けるようになったのです。

ただ業務を教えることに回数を重ねるよりも、実際の案件をこなすほうがスキルアップにつながります。

「うちの会社は分業にしている」

と思う経営者の方々も、もう一度振り返ってみてください。

誰でも同じことを教えられるようにマニュアル化し、誰でも平等な評価制度にして、自由に発言しながら仕事ができる環境を、整えられているでしょうか?

ただ分業するだけでなく、このような環境づくりがもっとも大切です。

社内教育を改革するための第一歩は、いまの問題点に気づくこと。問題の原因が自身の管理能力であることに気づいたうえで、管理能力を上げたりシステムを改善したりする方法を考えつかなければ、専門家に任せることも必要です。

「いい社員を採用できない…」

と悩む経営者の誤りは、自分に管理能力がないことに気づいていないことです。

少し手厳しいですが、他人を評価する前に、自身の評価が極めて低いことに気づきましょう。

9　理想的な教育とは

自ら学ぼうと思う人になる

教育においてもっとも大切なのは、教育を受けた本人がやる気になることです。

なぜなら、外野がいくら一生懸命になったとしても、やるのは本人だからです。

コンサルタントがいくらサポートしても、お客様がやる気をなくしてしまってはうまくいきません。そのため、メンタルを整えることが必要なのです。

本人が自分で考え、自分で行動し、自分で判断するようになることが、理想的な教育です。

ですから、あなたがいいと思っても、本人が聞きたいと思わないアドバイスは意味がありません。あなたがアドバイスをすると、本人の意思決定の機会を奪うことになり、あなたによってコントロールされた意思決定をすることになります。

自分だけの意思で決定しなければ、自己決定力が弱くなってしまうので、多くの人がよかれと思っている「教える教育」は、まったくの逆効果です。

自ら考え行動して、その結果を自分なりに判断し、選んだ選択を正解にしていけばいいのです。

自由にやらせて否定することが、相手のやる気を一番なくす

部下を持つ人によくある失敗で、「部下に考えさせて自由にやらせたうえで、否定する」パターンがあります。これは心理学用語で「ダブル・バインド」と呼ばれます。

じつは、これがもっとも「人のやる気を失わせる行為」です。

部下のやる気を引き出したいのであれば、この逆のことをしましょう。

つまり、「部下に考えさせて自由にやらせたうえで、肯定する」ことです。

1つやってダメなら次、それがダメならまた次と、いろいろ試してみてください。

「ダメだったときも、前向きに挑戦できていることを楽しもう」

という姿勢が理想です。

あなたのやり方や会社の方針が、すべてではありません。その人には、その人の人生があります。

一人ひとりが持っている答えを大事にすると、組織は活性化するでしょう。

10 教育とは、その人の能力を見つけること

経営者が一番の営業マンになっていませんか?

企業においては、経営者自身や管理職の人が一番の営業マンになっているケースが多いのではないでしょうか。

社員や部下の仕事が気になって逐一チェックしたり、叱ったり、「なぜわたしのようになれないのか…」と嘆いたりしていませんか？　なぜ社員が育たないのかと思ったら、自分に教える能力がないからと自分の能力を疑い、どうしたら育つのか考えましょう。考えてもわからなければ育てる能力がないのです。その場合、得意な人や、プロのサービスに依頼しましょう。でも、経営者と社員、管理職と部下とでは、立場も責任も報酬も違います。

いいアイデアや商品を広く届けるためには、教育で社員や部下を一人前にすることが大切です。たとえば、フランチャイズビジネスがうまくいくのは、教育システムがマニュアル化されているからです。

繰り返しになりますが、ビジネスの拡大は「教育」の標準化と量産化が、大きなポイントです。実際、ライザップでは、技術力の高い人を育てて管理者にするよりも、管理能力の高い人を採用して技術を教えたほうが、効率的だったそうです。マネジメント能力は、もともと持っている能力や特性なのかもしれません。

ところが、プレイヤーとして優秀な人は、マネジメント能力も高いと自分で思い込んでしまう傾向があるので、注意が必要です。

マニュアルをつくり、マニュアルを渡せば素人でもできるようになります。

そして、習熟度チェックで、教える人にかかわらず一定のレベルに保てるようにすることが、量産化における「教育の理想」と言えますね。

11　スタッフが成長しないのはなぜ？

あなたの伝え方が悪いからかもしれない

さまざまな企業の社員からよく聞く悩みは、

「社長の言っていることが、昨日と違う」

ということです。

前日に指示された通り仕事を進めたのに否定されてしまうと、社員は

「やってもダメ、やらなくてもダメ」

というダブル・バインドとなり、怒られないほうを選ぶようになります。

これは、経営者と社員のコミュニケーションの問題です。双方の考え方の違いが原因でしょう。

一般的に、経営者は主体的で、スタッフは受動的になりがちです。

それに比べて、経営者は叶えたい理想や目標を達成するために素早くトライアンドエラーを繰り返し、失敗するとわかったらやめて、違う方法を試します。

そのため、社員から見ると、

「いつも話をするたびに、言うことが違う」

「社長が何を考えているのかわからない」

となってしまうのです。

この解決策は、社長が考えていることを伝えるしかありません。
・どんなことをしたいのか？
・どこに向かっているのか？
・いま何をしようとしているのか？
といったことを、壁に書いて貼ってみてください。

社長の考えを1行まで絞り込み、壁に貼り誰でも見えるようにして、毎日言葉にするのです。

1行を暗記されて、社員が「社長がまた同じことを言っている」と思われるようになってようやくあなたの考えが伝わります。

このようにして、あなたの方針の標準化や共有による量産化ができれば、社員は自分ができることを自ら考え、会社や社会に貢献しようと変わっていくはずです。

12　教育に対価を支払っていますか？

教育をサービス労働で済ませない

教育は、先輩が仕事の片手間に教えるというふうに「サービス労働」として行っているケースも少なくありません。

また、先輩の善意でやっているため、教え方にもばらつきが起きます。高品質な教育水準を保つためにも、教育を標準化しましょう。

・教えることを評価し、マニュアル化する
・教えることをサービス労働にしない
・専門会社に依頼する

このように改善するだけで、社内の雰囲気も大きく変わっていくはずですよ。

会社はいい人材を採用しようとしますが、なかなか集まらずに困っています。

でも繰り返しになりますが、多くの会社は、教育を先輩が善意で行うものに頼りきりです。

会社全体で考えれば社員を早く一人前に育て、マネタイズをはじめるしくみをつくるほうが、メリットが大きいものですから、「教育」に、お金と時間をかけることが最善なのです。

13 プレイヤー、プレイングマネージャー、マネージャーについて考える

働き方の属性の3分類とは

会社員としての働き方を大きく分けると、

・プレイヤー
・プレイングマネージャー

・マネージャー

という3種類になります。

一般的な会社は、優秀なプレイヤーがプレイングマネージャーになり、プレイングマネージャーがマネージャーと社員のステップアップを前提に考えた人事を行いがちです。

でも、本来プレイヤー・プレイングマネージャー・マネージャーは、別の種族と考えたほうがいいくらいに違うものです。

たとえば、社長がいくら有能であっても、社員が30人以上になっても、社長業とトップセールス、会社のマネジメントまでひとりで行うのは不可能。会社のマネジメントをしてくれる人間がほしくなるのは、当然のことです。

ただ、出世欲求が強いプレイングマネージャーは、マネージャーとしての資質を身につけるようなレベルアップをしないものです。むしろ、ほかの人を蹴落としながらマネージャーになろうとします。マネージャーとしての能力が高くないケースも多々あり、むしろマネージャーになってから自らの保身に走る場合も…。その結果、会社はうまくいかなくなるという悪循環は、経営者としては頭の痛いところではないでしょうか。

マネジメントの能力が高い人を育てる

少数派でも、社内でマネジメントの能力が高い人もいるはずです。

ただ、マネージャーの能力を持つ人がプレイヤーとして優秀であるとは限らず、プレイヤーとして結果が出なければマネージャーに昇格することはできません。

一方で、プレイヤー↓プレイングマネージャー↓マネージャーと内部の人間を育てることも、前述の通り非常に難しいのが現実です…。

これらを踏まえて考えると、「会社が成長したらプレイングマネージャーを募集し、さらに成長したらマネージャーを募集する」と考えたほうが、合理的ではないでしょうか?

また、中小企業の多くは、マネージャーの能力を持つ人間の重要性に気づいておらず、プレイヤーの報酬体系と権限で責任だけを与え、マネージャーとしての報酬を与えていません。

その結果、マネージャーの能力が高い人間ほどやめてしまうのです。

能力の高い人は独立して生きていくこともできますから、残ってほしいのであれば、魅力的な環境にするほかありません。

たとえば、プレイヤーとマネージャーに給料の差をつけ、権限も明確にしてください。

さらに、マネージャーが決めたことに対して、社長が文句を言わないことも大切です。

組織には、大人数をマネジメントできる能力を持つ人が少ないため、マネージャーが受け持つ事業部を、1つの会社組織のようにしたほうが回りやすいでしょう。

実際、1000人規模の会社になると、事業部制になっているところがほとんどです。

プレイヤー・マネージャーとしての適性を見極めることが、会社の成長には重要なのです。

第5章　組織を大きくするしくみをつくる

1　社員の適性を把握し、適材適所へ配置する

苦手の克服よりも得意なことを伸ばすため、公平な評価制度をつくる

優秀な人材の集まる、魅力的な会社組織をつくるには、どうしたらいいのでしょうか？

それは、社員の個性を見極め、1人ひとりに合った「教育」を行うことです。

わたしがいままでさまざまな組織を見てきたなかでは、苦手なことを克服して得意になった例はほとんどありません。つまり、苦手なものを克服するより、得意なところを見つけ、その部分を伸ばしたほうが、はるかに効率的なのです。

たとえばわたしは、道を覚えられませんし、運転も下手で、経理などの数字を扱うのも苦手です。そんな人間が、ドライバーや経理担当になったところで、明るい展望は想像できませんよね。

ある会社に、評判の悪い営業マンがいました。でも、その人は、会社の広報や営業活動のブログ、SNSの情報発信に興味があったので、わたしがやり方を教え、広告収入も給与に反映するしくみにしました。すると、もともと文章や絵が得意だったため、あっという間にスキルが上達し、営業マン時代の何倍もの売上を出すようになっていったのです。

これは、その人のいいところに目を向けて、適材適所に配置するという当たり前の対応です。

でも実際は、自分にメリットを生むように、都合よく部下を使ってしまう人のほうが多く、部下

を伸ばそうと真剣に考えてくれる上司はとても少ないでしょう。そうならないように、公平な評価制度を取り入れ、能力を正当に評価し、報酬を与えられるしくみをつくることが大切です。

2　評価制度も標準化する

公正な評価をするための秘訣とは

じつは、上司が部下を正当に評価するのは難しいことです。

上司や親など、人を育てる側は、なぜか「自分が正しい」と勘違いをはじめ、自分の価値観を押しつけてしまっているケースが多々あります。

多くの会社は、直属の上司、その上の上司といった縦型のラインで評価するシステムで運営しているため、結局は上司の好き嫌いや自分にとって都合がいいかどうかが評価に入ってしまいがちです。

そのため、会社でとくに不満が出てきやすいところが人事評価なのです。

社内の不満が溜まれば、いつか問題が噴出してしまうでしょう。

公平性を持たせるために、あるスポーツ会社では、ひとりの上司が評価をするのではなく、複数の人間が評価するようにしています。また、お客様評価やアンケートをポイント制にするなど、標準化するしくみを取り入れるのもおすすめです。

会社が成長していくために、標準的な評価、偏りのない評価制度をつくっていきましょう。

3　組織は縦割りになりやすい

イエスマンばかりになっていませんか？

組織は、どうしても縦割り構造になってしまいがちです。そして上に行くほど決定権があり、パワーバランスも有利になります。そのため、優秀な部下が入って、数字や結果を出しているうちは応援しますが、その数字がさらに上がり、部下が上司の数字や能力を抜きはじめるようになると、上司は部下に対して敵対心を示しはじめるものです。

これが原因で、優秀な人間がやめてしまうことも多々あります。つまり、企業が成長するのに不可欠な優秀な人間があなたの職場から去ってしまうのです。

この重要さに気づけないと、社長ひとりでがんばっても企業は成長しません。

組織のなかには、自分の地位や利益に執着するタイプの人もいます。その人が権力のあるポジションに就くと、組織の利益よりも自分の利益を優先して、物事を判断しはじめてしまうでしょう。すると、組織にはその人に従順な人が残る一方で、意見を出す人はやめざるを得なくなります。これが現在の組織の宿命ともいえるかもしれません。

たとえば、テレビ番組でも、同じことが起きています。大御所のお笑い芸人が冠番組を持ち、そのお笑い芸人を引き立てるような立ち回りができる人間だけが番組に出演できる構造になっているため、お笑い芸人なのに、おもしろさの追求よりも、大御所に気に入られること、大御所を引き立てることが優先されているのです。これでは、結果として組織は衰退に向かってしまいます。

ほとんどの場合、社長のイエスマンが出世するので、結局は社内がイエスマンだらけになります。こうなってしまうと、組織の弱体化を回避するのは難しいでしょう。

ですから、公平な評価制度を制定したうえでコンプライアンス部を置き、自助浄化装置を設けることが大切です。無記名で投書でき、改善の対策ができる部署をつくるなど、感情による人事評価を排除するしくみや、評価をチェックする機能をつけてください。

安全、教育、平等を阻害するものを、小さなうちに対策していけると理想的ですね。

4　縦割り組織の傾向と対策

縦割り組織の弊害

「縦割り組織」は非常に重要なことなので、もう少し詳しくお話しします。

会社が成長していくなかでよくある話なのですが、社員が30人を超えると、組織内のすべての人とのコミュニケーションをとるのは難しくなります。組織内で話をしたことがない、顔を合わせたこともないという人が増えると、仲間意識を持つことが難しくなるでしょう。

このような状況は、心理的にもチームの孤立を生みやすく、それが縦割り組織の原因となってしまいます。チーム間での対立や情報の共有不足が発生しやすくなるため、組織にとっては望ましくない状態であることは、言うまでもありません。

チーム間の関係が悪化するリスクは、縦割り組織の最大のデメリットと言ってもよいでしょう。関係の悪化によって、情報共有不足や意思の食い違いが発生し、組織の業務進行に支障が出てしまうこともあり、業務の進行に問題が生じた場合には、顧客の信頼低下にもつながります。組織の崩壊にもつながりかねない危険な状態なのです。

縦割り組織の改善策

会社を大きくしていく場合、縦割り組織だと限界が出てきます。業種や社員数やマネージャーの能力によって、組織の形態を常に変えていく必要があります。

組織を変革するための方法を、いくつか紹介しましょう。

●縦割り組織

企業が業務内容ごとに部門を分けて細分化し、縦で分けられている組織形態のことです。

たとえば、職種別に細分化するとしたら、経営統括の下に「営業部」「開発部」「経理部」というように、業務内容ごとに分割されている部署が存在します。

例：制作部、技術部、営業部、管理部など

●支店制

地域単位でビジネスを行います（ただし、限定的な決裁権しかない場合が多い）。決済や業務処理は、支店で行われます。決裁権は限定的なため、主に本部などの上位組織に委ねられることが多いのです。

例：●●県支店、▲▲県支店、■■県支店、本社

●事業部制

事業によって部署を分けたうえで運営される方式のこと。読んで字の如く、事業内容ごとに事業部を設け、その事業については決裁権を持つ形態です。

事業内容ごとに事業部を設けて、各事業部は一定の決裁権を持ち、業務の運営や決定を行います（支店に比べ、範囲が広い決裁権を持つ場合が多い）。

例：ウェブ事業部、コマース事業部、ファイナンス事業部

●事業本部制

本部制とは、事業ごとに本部を設置し、いくつかの関連事業部をまとめて管轄するような形態で、予算や人員配置などの権限を各本部に移譲したうえで運営される方式です。

事業本部は事業部よりも上位の組織であり、より広範な決裁権を持ちます。

例：アウトソージング事業本部、コンシューマー事業本部、ネットワーク事業本部、管理部

●カンパニー制

事業部制をより進化させた形態で、各事業を独立したカンパニーとして運営します。

カンパニーは自己完結型のビジネスユニットであり、独自の戦略や決裁権を持ちます。

カンパニー間の協力やリソースの共有が行われることもありますが、このときに必要なのが、会社規模とそれを管理できる人間の存在です。

たとえば、30人を管理できるマネージャー、100人を管理できるマネージャー、100人以上を管理できるマネージャーは、それぞれ別の能力と考えたほうが無難です。

会社の規模や人数やマネージャーの能力により、組織形態を変更していく必要があります。

このとき、組織に人を合わせるのではなく、人に組織を合わせて変化させたほうがうまくいきますよ。

また、ワントップで縦割りの組織は30人くらいの会社も多いはずです。

一見会社のように見えますが、ここまでの規模であれば、大きな個人事業主ともいえます。

起業して会社をつくると、

「会社は自分のものだ」

と思っている社長も多いため、すべての意思決定を自分だけにしておきたいものなのです。

ところが、会社を大きくする場合、意思決定以外はすべて自分以外に任せるように組織をつくれ

れば、大きくなりやすく、売却などもしやすくなります。

個人事業主形態を脱却し、経営者となり、会社をより大きく成長させるためには、マネージャーの力を持った人材が必要なのです。

5　マニュアルをつくると、マネタイズ開始までのタイムラグが短くなる

人に伝えることで、職人から経営者の働き方に変わる

前項でご紹介したマッサージ店は、最初、社長自ら整体の方法を学んでいたそうです。

そしてそれをマニュアル化し、誰でも2週間で施術方法を覚えられるようにしたことで、一気に成長していきました。

重要なポイントは、

・誰でも教えられるように、仕事のしくみを構築する
・マニュアルを見るだけで理解できるようにする
・実行できたかチェックリストで評価する

という3つです。新しくスタッフが入ったら、いかにマネタイズまでの時間を早くするのかが、量産化のポイントになるでしょう。マニュアルづくりも、一般スタッフの仕事の内に組み込み、社長がここでパンクしてしまわないようにすることも重要です。

6　経営者は未来に投資をする

時間のゆとりから、アイデアが生まれる

ビジネスを成長させたければ、今日と同じことを明日以降も続けていては、成長しません。未来に投資をすることは、欠かせないものなのです。

まずは、半年後に成長し、ラクにするための時間をつくることからはじめます。

ビジネスは忙しいものですが、1ヵ月に一度は、強制的に日常業務から離れるゆとりの時間をつくりましょう。

アイデアは、考えたから思いつくものではなく、偶然思いつくことが多いものなのです。

ひとりでカフェに出かけたり、気の合う人と旅行に行ったりして、日常を離れ、非日常の世界に身を置いてください。

できれば、リラックスして、気持ちの上がる場所がよいでしょう。

人の投資も含め、時間の投資をすることで、未来は開けます。

わたしの知人であるサロンのコンサルの社長は、事業計画のなかに、学びの費用やコンサルタントなどへの依頼費用も盛り込んでいました。

経営者のなかには、広告宣伝費や学び、社員の教育費を「無駄な経費」もしくは「利益が出たら

支払う」と考える人もいますが、同じことを続けた延長線上には、違う未来は訪れません。これでは成長は難しいでしょう。

時間と資金をかけることで成功する

兵庫県明石市の泉房穂市長のケースですが、もともと人口減少していたところから、人口が29万〜30万人に一気に増えました。

これは子どもへの予算を126億から258億円に増やし、子育てしやすい街にしたことが大きく影響しています。

いま明石といえば、この増額した予算を使った「5つの無料化」が有名です。

簡単に解説すると、

①18歳まで医療費無料。薬代は市外の病院でも無料
②保育料は2人目以降、兄弟の年齢に関係なく全員無料
③おむつ（またはミルク）は1歳になるまで家に届ける
④中学校の給食費は無料
⑤公共施設の遊び場は親子とも無料

という5つです。これにかかるお金は年間33億円ほど。明石市の子どものための予算は泉市長が就任する前までは126億円でしたが、それを2倍の258億円にまで増やしました。

市長はこう述べています。

「グローバルスタンダードに合わせただけのことです。40年前、大学で教育哲学を学んだとき、日本の子ども関連予算が欧州各国の半分ほどと知り、愕然としました。しかも、いまもそうなのです。だからこそ、せめて他の国並みにしたいと予算を倍増させたにすぎません」

明石市では転入増などの成果が出ています。転入してくるのは30歳前後の人と小学入学の前の子どもたちが中心で、人口増は10年連続となりました。これは全国に60以上ある中核市の中でもナンバーワンです。地域経済が活性化して税収&財源が生まれ、実際、明石市はこの8年間で税収が32億円もアップしました。この成功は、市長が経営者の視点を持っていたからこそでしょう。

これは、会社の方針にも同じことが言えます。たとえば、教育にお金を回すことも、トップが決断したら一瞬で実現できることです。それにもかかわらず、教育に時間や予算を割かないのは、トップが「教育」を重要ではないと考えている証拠です。

理想の未来を実現するなら、教育に時間とお金を投資していきましょう。

7 業務委託化を取り入れる

雇用のしくみを変えると、働き方も変わる

あるサロンでは、経営が順調で2店舗目を出しました。

2店舗目もうまくいき、さらに店舗を増やしたのですが、4店舗目くらいになったときに、うまくいかなくなりはじめました。その理由は、代表の目が届きにくくなったこと。管理が行き届かなくなってしまい、サービス品質の低下、売上の低下が起きてしまったのです。

それまでは、店長という役職をつくり、社員として雇用していました。

でも、定額の給料をもらう形で雇用されている人は、基本的にお店や会社のことより自分のことを中心に考えがちです。たとえば、お金を生まないところにも時間と労力をかけてしまいます。

もしくは、定額の給料をもらえるなら、ラクなほうを選ぶこともあるでしょう。

お金を生まない掃除に時間をかけすぎて、お金を生む集客活動やお客様へのセールスがおろそかになるといったことが起こる場合もあります。

あなたが管理しなくても、誰でも管理できるようなしくみをつくりましょう。

それには、開業届を出し、業務委託化や売上に比例した給料制のしくみを取り入れるといったしくみも必要です。

8　人類は「協力」することで生き残ってきた

協力し合える組織をつくれることが、人の強み

組織にとって「人」は、もっとも欠かせない重要なものです。

これは、人類の歴史を遡ってもわかります。

人類の700万年の歴史は、ホモ・サピエンス以外に視点を移せば、「絶滅の歴史」ともいえます。

従来の人類史での通説は、「ホモ・サピエンスは、旧人類のネアンデルタール人よりも頭がよかったから生き残った」という説が有力でした。

ところが、絶滅したネアンデルタール人は、ホモ・サピエンスに比べても脳が大きく、筋肉質で体格もよかったそうです。

これでは、通説からすると矛盾が生じますよね？

ネアンデルタール人は、基本的に親族を中心とする小集団で生活しており、パイソン、鹿、サイなどの大型動物をハンティングしていたため、怪我をすることも多かったと考えられています。

対するホモ・サピエンスは、身体が小さいために体力も劣り、一個人では勇猛な動物に決して対抗できません。

そこで、道具を使い、大集団で協力し合い、獲物を捕らえていたそうです。

結果的に、ネアンデルタール人は滅び、ホモ・サピエンスがいまも生き残っています。

つまり、人類は集団をつくり、お互いに協力し創意工夫した結果生き残ってきたのでしょう。

これは、会社組織にとっても同じことが言えるはずです。

人類がこれまで生き残ってきた強み、強い組織をつくることこそが、会社の繁栄やビジネスの成功につながるのです。

9　1人の能力に頼らず、2人で1人分の能力を補う

社員のライフスタイルに合わせてしくみをつくる

女性が多い職場では、必然的に入退社のサイクルが早くなります。

経営者としては少しでも長く働いてほしいと思うのかもしれませんが、現実はかならずしもそうではありません。

わたしが以前勤めていた医療関係の会社も、同じ悩みを抱えていました。

あるとき、スタッフの平均在籍率を調べたところ、2年ほどであるとわかりました。つまり、現状のままだと仮定するのであれば、2年でやめる前提で仕事を考える必要があるということです。

そこで、フルタイムのパートや社員ばかり募集するのではなく、週に3～4日働く人、週末だけ働く人、半日だけ働く人など、働き方にもバリエーションを増やしました。

さらに、1人で行う仕事を複数人で対応するようにして、マニュアルも教育指導も教育係だけではなく、誰でもできるように改善していったのです。

どんなに優秀な人でも、3人分の働きができる人はほとんどいません。

また、どんなに優秀な店舗でも、3店舗分の売上を出すことは難しいでしょう。

最初から7～8割でいいと考えて、ビジネス体制を考えることが大切なことなのです。

10　弱者が強者に勝つための、人の活用法

史上稀に見る「ジャイアントキリング」から、人の活用を学ぼう

仕事も、ある意味では「勝負事」です。

そして、勝負事は強者がかならず弱者に勝つわけではありません。

こうした例は枚挙にいとまがありませんが、ここで注目したいのが、サッカーの関西1部リーグ（J5相当）に所属する「おこしやす京都ＡＣ」です。

２０２１年の天皇杯（ＪＦＡ第１０１回全日本サッカー選手権大会）の２回戦で、Ｊ１のサンフレッチェ広島を相手に、なんと5対１で勝利しました。

この「ジャイアント・キリング（大番狂わせ）」の立役者は、おこしやす京都ＡＣで戦術兼分析官を務める龍岡歩さんでした。サッカー未経験にもかかわらず、サッカーの試合の戦術に関する鋭い観戦ブログが評価されて、戦術兼分析官にスカウトされた異色の経歴を持っています。

この試合でも、対戦相手の似た日程のときのスタメン、交代パターン、リードしているとき・されているときの采配傾向をすべて調べ、「弱点」を見つけ出したそうです。

じつは、Ｊ１の多くのクラブは、週末に試合を終えた次の週の水曜日（ミッドウィーク）に天皇杯の初戦を戦います。広島は、体力的にキツい中2日という日程でした。

サッカー界では、厳しい日程を乗り切るため、スタメンを大幅に入れ替えるターンオーバー制が根づいていています。そこで、龍岡さんは、選手を休ませるために、メンバーを落としてくる想定から組み立てていったそうです。もちろん、多くの選手を抱えるＪ１クラブのメンバーを想定するのは至難の業ですが、それでも龍岡さんは11人中９人のスタメン予想を的中させたのです。

分析の過程で、龍岡さんは広島の〝アキレス腱〟を見つけていました。

「広島は明らかにセンターバックのコマが足りていませんでした。そうなると、ほとんど試合勘のない選手を使うか、ディフェンスが本職ではない選手をセンターバックに配置するしかなくなります。そういった選手たちと、５部とはいえ多くの試合を戦ってきた本職のアタッカーが戦ったらおもしろくなりそうですよね。11人対11人の総力戦だと厳しいですが、こちらに優位性がある局地戦なら可能性があると踏みました」

そのプランとは、まず前半の15分を耐え切ること。実際、３失点してもおかしくないほど攻め込まれましたが、選手たちがなんとか守り切ったことで、相手に焦りが生まれ、おこしやすの先制点につながりました。

この例のように、弱者が強者を倒すのはとても痛快なことです。でも、経営者目線を持つのであれば、ここから何かを学びたいところですね。

たとえば、チームが龍岡さんの分析官としての才能を評価したのであれば、徹底的に任せきることも、組織としてとても大切なポイントです。同時に、彼自身の組織運営術も、注目に値します。

①自己分析能力と、メンバー1人ひとりのスキルを踏まえ、競技やチームに活かせる場所に配置すること。

②メンバーに、自分の立ち位置を理解してもらい、将来の理想の姿を繰り返しイメージしてもらうこと。

これは、社員が活躍できる組織にするために、会社組織にとっても必要な考え方ではないでしょうか。

個人の能力を適材適所に配置して、組織全体の強みを引き出す戦略的な思考が、組織を強くします。そして、個人の強化よりも組織を強化したほうが、より強くなっていくのです。

11 「自分でないと仕事が回らない」という幻想を捨てる

スティーブ・ジョブズにも、ビル・ゲイツにも「替え」がいる

自分で関与しなくても回るしくみ、誰にでもできるしくみづくりを考えた場合、任せた人が、あなたと同じくらいの情熱を持っているとは限りません。

ですから、最初から10割を求めず、7〜8割できたらよしとしましょう。

もちろんこれは働き方にもよりますが、経営者はそれくらいの余裕を持つことが大切です。

そうはいっても、

「質は高いほうがいい」

「自分の業界には、標準化、量産化は向かない」

と思っている人はいるかもしれません。

でも、アップル社はスティーブ・ジョブズがいなくなったあとも成長していますし、ビル・ゲイツがいなくなったあとのマイクロソフト社も拡大を続けています。

つまり、世界の2トップともいえる優秀な人間にも「替え」がいるのです。

そう考えると、あなたの仕事に替えが効かないはずがありませんよね？

またマイクロソフトのビル・ゲイツは52歳で引退し、アマゾンのジェフ・ベゾスは57歳で引退、グーグルの共同創業者ラリー・ペイジとセルゲイ・ブリンは46歳で引退しています。

日本企業の社長は70歳を超えても自分にしかできないと思い込み、社長のままで会社に居座ることが多く見られます。70歳でできることは50歳でも実行可能です。

これは、社員の仕事も同じです。

その人しかできない「仕事のブラックボックス化」は極力避けましょう。

ただ仕事を行うだけではなく、その人が担当している仕事をマニュアル化することまでをその人の仕事にする必要があるのです。すべての仕事を、すべてのスタッフが引き継げるようにしてください。会計・経理なども公開し、不正ができないしくみをつくるのが理想的ですね。

「自分がいなければ回らない」という幻想を捨て、積極的にマニュアル化し、業務の標準化をしていきましょう。

12　サブスクリプション化できないかを探す

新規だけでなく、リピーターもとりに行く

ビジネスで一番労力がかかるのは、新規顧客を見つけることです。

企業は新規顧客を見つけるために、ＣＭなどで大量の広告費をかけています。前述した、顧客の2割が売上の8割を生み出すという「パレートの法則」。実際にここまで極端ではありませんが、何度も購入してくれる優良顧客が、企業やブランドの売上を支えてくれているのです。

また「1：5の法則」という法則もあり、これもここまで極端ではありませんが、新規顧客を獲得するには、既存のお客様より何倍ものコストがかかるといわれています。

つまり、新規顧客は獲得コストが高いにもかかわらず、利益率が低いので、新規顧客を獲得する以上に、既存顧客を維持することが重要である、ということがわかりますね。ですから、既存顧客がリピートしたくなる商品をしっかり考えましょう。

(例)　エステサロン

紹介チケットをつくり、来店ごとに、1回目は30％オフ、2回目は40％オフ、3回目は50％オフにするという割引特典をつけているそうです。

さらに紹介者は50％オフで施術を受けることができる特典も付きます。

また、別のサロンでは、既存のお客様にご友人へ渡せるどのメニューにも使用可能な金券の紹介チケットを作成。複数枚お渡しし、それが利用されると、紹介者も割引サービスを受けられるしくみにしました。１回より複数回お試しいただくほうが、本命商品の購入率が上がるようです。

(例)　住宅営業

紹介者にはクオカードを1万円プレゼント、紹介された方用にもお得になるような特典をつけるのも有効です。

わたしが会社員だった頃、紹介数が全国1位だった上司は、ご近所に自社で家を建てた人がいるかどうかを聞き、「いる」と返事をした人には、「それでしたら紹介割引をします」と自ら申し出て、「紹介割引」を用いた購入の後押しをしていました。

(例)　セミナー

また、ある自己啓発のセミナーでは、参加者同士が仲良くなるしくみをたくさんつくっていました。飲み会を開催する、チームミーティングを行う、認め合う、過去の人生の歴史を話す、講義よりワークを多くする、などです。

参加者同士が仲良くなると、もう一度仲間に会いたいという欲求が生まれ、リピートにつながります。参加者の価値は、商品やサービスの結果だけではないということです。

それを念頭に、商品を組み立ててみましょう。リピートをうながすのであれば、リアルでお客様感謝祭の開催やオンラインコミュニティをつくるのも有効です。

どうしたらリピートしたくなるかを考えて、商品やサービスを考えるのです。

低価格商品はリピートされやすい

高単価＋高付加価値サービスではなく、低単価＋低付加価値サービスにもメリットがあります。じつは、高付加価値よりも低単価のほうが解約されず、継続率が高くなるのです。

たとえばわたしの場合、ホームページの維持管理費契約で月額3・3万円、1・1万円と、6600円（税込）の3つのコースを設けています。

前の2つには、画像交換やブログ代行投稿などのサービスがありますが、要望が多く、費用負けする月があります。ところが6600円のコースは、保守管理とバックアップだけなので自動化しており、労力がかかりません。ですから、じつは一番効率がいいのは6600円のコースなのです。

これは、顧問サービスにも同じようなことが言えるでしょう。

北海道の大きな弁護士法人は、年間の顧問料を、なんと5500円（税込）にしています。そのほか、年間3回まで相談が無料で、事務所開催の各種セミナーへの参加やニュースレターなどもあります。ここまで低料金であれば多くの人が加入しやすく、解除されにくいメニューですね。

また弁護士であれば、無料相談がキッカケで1つでも仕事が入れば元がとれるので、とても理に適ったしくみなのです。また、お笑いコンビ・オリエンタルラジオの中田敦彦さんのオンラインサロンは、会費を月額5980円から現在は980円に大幅値下げして、好調に伸びています。

実際、低価格のサブスクリプションモデルに加入したまま、一度もサービスを受けたことがないという人も多いものです。あなたも身に覚えはありませんか？

お金を支払う痛みを低くしてつながりをつくり、バックエンドへと誘導していくこともリピーターを増やすための手法の1つなのです。

13　伝えたいことは、1行に絞る

コアメッセージで想いを届ける

近年、ミッションやビジョン、バリュー、クレドを決めている会社が増えてきています。

それはたしかにすばらしいことなのですが、おそらく、その情報量を覚えられている人は少ないでしょう。

多くの社員は、あなたが一生懸命ミッション・ビジョンをつくろうとも興味はありません。興味のあるフリをしているだけなのです。

あなたの考え方を誰かに伝える場合、コアメッセージを1行に絞ると伝わりやすくなります。

もしいま会社の目的が達成されていないのであれば、それは社員の能力が足りないのではなく、限りあるリソースを余計なことに使っているからではないでしょうか？

要点を短くまとめ、確実に社員に想いが伝わるような工夫を重ねていきましょう。

有名なものほど、想いを1行でまとめている

たとえば、ハリウッドの場合、映画の企画が通るかどうかは「1行」で決まるそうです。

たとえば、映画の『エイリアン』は、「宇宙船を舞台にして『ジョーズ』をつくる」というひと言からはじまりました。元ネタの『ジョーズ』はスティーヴン・スピルバーグ監督による、船の上の人間が凶暴なサメに追いかけられる映画です。それを宇宙船に置き換え、サメの代わりに凶暴な宇宙人に人間を襲わせるのが『エイリアン』というわけです。そのほかにも、

・『タイタニック』なら「豪華客船を舞台にしたロミオとジュリエット」

・『スピード』なら「バスを舞台にしたダイハード」

といったように、すべての企画が1行からはじまっています。

また、エイブラハム・リンカーン大統領の「ゲティスバーグ演説」にある、

「人民の、人民による人民のための政治」

という、1行に収まるフレーズも非常に有名ですね。

それ以外にも、ビル・ゲイツの「世界中の家庭にコンピューターを」という言葉も有名です。

ビル・ゲイツが大成功した要因の1つは、この理念の実現に熱中したことでしょう。

あなたにとって、起業はあくまでも手段の1つです。

その先にある本当のゴール、つまり「どんな世界をつくりたいのか」ということを明確にし、理想の世界を実現することに熱中しましょう。これが成功への近道です。

※参考文献『解決は1行。』（細田高広（著）／三才ブックス）

繰り返し何度も言うことで定着する

本書で紹介した、一般社団法人シニアライフサポート協会という団体の代表は、会うたびに、
・企業理念
「子どもや孫にツケを回さない社会の実現」
・ビジョン
「元気なシニアがシニアを支える」

「3つの健康（身体、心、お金）実現でピンピンコロリ」

「自分の親だと思って、問題解決にあたる」

ということを、代表が念仏のように繰り返し話しています。

挨拶といえばこのフレーズというように、何度も言うので、わたしも暗記してしまうほどです。

代表はそれほど口達者でもなく、前に出るタイプではありませんが、応援する仲間が集まり、顔を合わせるたびに大きな団体になっています。

人が集まる一番の理由は、短くわかりやすいことを何度も伝えていることです。

そのため、相手にコアメッセージがしっかりと伝わり、共感を生むのです。

ですから、大切なことほど、繰り返しいつも言うように心がけましょう。

（参考）一般社団法人シニアライフカウンセラー協会

https://maple.fan/association

一般社団法人シニアライフサポート協会

https://seniorlife-support.org/

どちらも、小番一弘代表

ワンメーッセージだから伝わり続ける

藤田晋さんと堀江貴文さん、野尻佳孝さんの対談番組で、３人が次のようなことを述べていました。

株式会社サイバーエージェントの藤田晋社長は、１９９８年にはじめて堀江さんのオフィスへ行き、「サイバークリック、有力サイトにのみ、広告を配信するサービスをつくってほしい」と言ったそうです。

すると堀江さんは、会ったときから宇宙の話ばかりしていたそうです。その後、テレビに一緒に出たときも宇宙の話をしていました。そして、10年後のいまは、どんどん夢に近づいています。

また、野尻佳孝さんは「ノジトンホテルをつくる」と言って、株式会社テイクアンドドギヴ・ニーズを設立し、レストランとの提携によるウェディングのプロデュースから事業を開始しました。

創業当時から1軒家貸し切りの「ハウスウェディング」のスタイルで、業界に新しい結婚式のスタイルをつくり、２０１７年東京渋谷に「ＴＲＵＮＫ（ＨＯＴＥＬ）」を開業したことを機に、ホテル事業を開始。このホテルは、日本だけではなく海外からも注目を集めるブティックホテルとして、世界にインパクトを与え続けています。

当時はまだ、20代で上場した企業社長はこの３人しかおらず、３人でよく会って、自分の叶えたい夢の話をいつもしていたそうです。そして、振り返ると、全員が当時の夢を実現しているとのこと。

このことからも、大きなことを成し遂げるためには、自分にも周囲にもわかりやすいワンメッセージが必要だとわかりますね。

20代の若者が大きな夢を語るのは、傍から見れば現実的ではないように感じるかもしれませんが、じつは大きな夢に人が集まり、実現していくのです。大きな夢を叶えるには、ワンメッセージで伝わるあなたの方向性を、社員やまわりの人に伝え続けることが大切であるといえます。

ワンメーセージはいろいろな場所に表記して、繰り返し言うべきですが、同じことを何度も言うことに抵抗がある人もいるかもしれません。でも、聞いているほうは、「大切にしているのだな」と感じるだけです。ですから繰り返し伝えましょう。やがてあなたのブランディングになります。

14　コアメッセージがあると、ビジネスは拡大しやすくなる

コアメッセージのゴールは、成功のストーリーを生み出す

想いを届けるためのコアメッセージは、企業だけでなく、市町村などの団体でも有効です。

群馬県にある川場村は、鉄道もなく、国道もない人口3100人の村です。でも、旅行情報誌「じゃらん」の行ったアンケート「じゃらん　全国道の駅グランプリ2022」で見事1位に輝き、話題になっています。道の駅ランキングでは常に上位にランクインされていて、年間約200万人が訪れ、しかもリピート率は7割ですから、人気の高さがわかりますね。

この大躍進につながったのは、40年前に当時の村長が、内閣総理大臣の福田赳夫さんの、「これからは都市と農村の交流の時代だ」という考えをもとに、過疎化の打開策として、世田谷区の第二のふるさとにする」という構想をつくり、東京都の世田谷区と姉妹都市を提携したことです。

村長がいなくなったいまもなお、この意思が引き継がれています。

このことからも、実現したい理想をワンメッセージに絞る大切さがわかりますね。

村の再生はそもそも短期間で実現できるものではありません。

村長から村長へ、村人から村人へと理想が何人にも、何代にも受け継がれてようやく実現できるのです。

「伝言ゲーム」という遊びをしたことはありますか？

短い言葉を後ろの人に伝え、それが正確に伝わっているかというゲームですが、わたしの記憶に残っているのは、なかなか正確に伝わらなかったことです。

ですから、伝えたいコアメッセージは、ワンメッセージが理想的です。

ワンメッセージの大きなゴールをつくれば、そこに向かうストーリーが生まれます。

そして、このコアメッセージで、多種多様なすべての仕事や取り組みがつながっていくのです。

ぜひ、コアメッセージはいつも繰り返し伝えていってくださいね。

メディアでもコアメッセージを発信していく

コアメッセージは、対面で伝えるだけでなく、あらゆるメディア（ブログやＳＮＳ等）のヘッダーやカバー画像に記載しておくのがおすすめです。

これには、相手の認知を広げるだけでなく、自分もよく目にすることで、見るたびにマインドセットができる効果も期待できます。

ＳＮＳの投稿やブログなども、ワンメッセージにもとづいた発信を心がけましょう。

すると、メッセージはやがてあなたのブランディングにもつながります。

たとえばわたしのコアメッセージは「自分の力を信じよう」です。

そのため、すべての情報発信はこのコアメッセージにもとづいています。

たとえばＦａｃｅｂｏｏｋなどにも、何度もコアメッセージやコアストーリー（お店や会社の創業話や、仕事に対する想いなどのこと）を投稿することで、何を仕事にしている人なのか、何を伝えたい人なのかを伝えていきましょう。

さらに、投稿だけを見ても、その人が何を伝えたい人かがわかるようにすることが理想です。

15　ブランディング（リブランディング）を行い、発信する

ブランディングは海外企業を真似ることから

ブランディングは、海外企業を参考にするといいでしょう。

グッチ、バナナ・リパブリック、ラコステなど、一時期は低迷していたブランドも、リブランディングを行うことにより、業績が復活したケースも多々あります。

日本でもユニクロやヤンマーなどがリブランディングをして成功していますね。

価値を伝えるためには、文章化して伝えることが大切なのです。

実際、多くの海外の企業は、きちんと自社の考え方をホームページなどにも掲載して、発信しています。

たとえばグッチは、血族間での覇権争いによるスキャンダルや、不況のあおり、製品供給過多等の理由により、巷で倒産が囁かれるほどの経営不振に陥っていました。

１９９０年代、グッチの立て直しを任されたトムフォードは、これまでのエレガントなクラシック路線をやめ、モード路線を打ち出します。

ホルストンスタイルのベルベット、細身のサテンのシャツなどを積極的に取り入れ、スタイリッシュなコーディネート、ゴージャスに素材を使うことでイメージを大幅に刷新、グッチをセクシー

なイメージに塗り替えていったことで、ブランドの業績は一気に回復していきました。

近年、日本企業でも、品質と安さ重視ばかりではなく、このような大胆な価値を高めるブランディング（リブランディング）が求められているのではないでしょうか？

16　理想の未来（ステージ）を体験する

洋服でセルフイメージを変える

かく言うわたしも、リブランディングをしてもらったことがあります。

プロのスタイリストに洋服を選んでもらったのです。

このとき、いま似合う服やおしゃれな服を選ぶのではなく、ちょっと未来の理想を叶えた自分が来ている服を着ることがポイントでした。

理想ほど活躍しておらず、理想ほど稼いでいないので、選んでもらった服を見て、そわそわした記憶があります。

そうしてプロカメラマンに撮影した画像を、ホームページや名刺やＳＮＳに使いました。

するとそれを見た人の反応がまるで変わり、お客様の収入規模も、ゼロが一桁増えました。その結果、理想の状態に早くたどり着くことができたのです。

あなたも、理想とするステージがあれば、先取り体験をしてみませんか？

するといつ間にか、そのステージにたどり着けるようになります。社長の器があるから社長になるのではなく、社長という立場を与えられるから社長になるのと同じイメージです。

理想の未来を、積極的に先取りしていきましょう。

(例) アメリカのアウトドア商品の会社パタゴニア

アメリカのアウトドア商品を販売する会社であるパタゴニアは、このような紹介をしています。

(1) パタゴニアでは製品を保証しています
(2) 自分の衣類がどのようにつくられているか知りましょう
(3) ギアを遊ばせつづけましょう。修理して使いつづけましょう
(4) パタゴニアは製品を販売するたびにお返しをします

「地球がわたしたちの唯一の株主」

事業の繁栄を大きく抑えてでも地球の繁栄を望むのならば、わたしたち全員がいま手にしているリソースでできることを行う必要があります。これがわたしたちにできることです。

イヴォン・シュイナード

これに対して日本の多くの企業は、社長の想いを社員やお客様に伝えられていません。

「わたしの会社は、どんな企業だと思いますか？」

と取引先やお客様に聞いて、あなたの想いと相手からの印象が一致しているのが理想的です。

そのためには、まずはあなたの想いをしっかりと決めることからはじめてください。

17　目標達成のマインドセット

目標達成を妨げているのは、やらないこと・あきらめること

人が目標達成できないのは、失敗や才能がないことよりも、やらない、忘れてしまうなどの行動パターンが原因になっていることが多いのではないでしょうか。

やればできるのにやらず、あきらめてしまう人がたくさんいます。

これは、わたしの知人のアスリートがやっていた方法ですが、目標達成をするためには、
1　「これをやったら、よりよい未来を手に入れられる」というマインドセットをつくる
2　つくったマインドセットは忘れてしまうので、朝晩セットする
ということが大切です。

人には、何かを得るために我慢して、努力するという能力があります。

わかりやすい例では、オリンピックを目指すアスリートは、たった1日のたった数分のために4

年間苦しいトレーニングをがんばっています。これこそが、人類が長けている能力なのです。

人間だけが持つ「想像力」を発揮する

京都大学で霊長類研究所の所長をしていた松沢哲郎さんは、チンパンジーの研究では世界の第一人者といわれています。

松沢さんの著書『想像するちから　チンパンジーが教えてくれた人間の心』(岩波書店)によると、チンパンジーと人間のDNAの塩基配列は99％同じなのだそうです。

でも、生物学的・遺伝学的ほとんど同じでも、実際はかなり違っていますよね。

松沢先生によると、それは「想像力」を持っているかどうか、であるとのことです。つまり、「人間は想像する生き物だ」ということです。わたしは、これを知って「ああ、そうか！」と思ったことがありました。

中国の故事の「朝三暮四」という言葉を聞いたことはあるでしょうか？

その昔、中国で猿の群れを可愛がって毎日餌をあげている人がいました。だんだん貧乏になってきたので、餌代を減らそうと一計を案じました。

「ひとつ相談があるんだが。明日からお前たちにやるドングリを朝に3つ、夕方に4つにしたいが、どうだ？」と言ったところ、猿たちは「そりゃあないよ、少ないよ！」と足を踏みならして怒った。

そこで「よしよしわかった。じゃあ朝に4つ、夕方に3つならどうだ？」と言ったら「それならいいよ」と猿たちは喜んで受け入れたという話です。

つまり、猿たちは「今目の前にある直近の世界」だけに生きているのです。

いまがよければ満足だから、猿たちは「絶望」するということがありません。

でも、「絶望するということ」は、裏を返せば、いまがどんなにつらく苦しくても、それでも「希望を持って生きることができる」ということです。

希望を抱けるのも、想像力のある人間ならではのこと。人は希望を感じられるから、挑戦し、危険で苦難な道も我慢して進むことができるのです。

あのダンテ・ハルドンを倒した、玉越強平選手のマインドセットとは

「この試合に勝ったら、わたしはずっとチャンピオンでいられる」

これはモハメド・アリの言葉です。モハメド・アリは、この言葉で自分を奮い立たせ、厳しい練習を経て、輝かしい栄光を手に入れました。

玉越強平選手は、ＷＢＣ世界スーパーフェザー級ユースタイトルマッチのダンテ・ハルドンとの試合が組まれました。

ダンテ・ハルドンは、この日まで19勝17ＫＯ１敗で、伝説的なチャンピオンです。

彼の連続防衛記録を伸ばすために、格下の玉越選手が選ばれました。しかも試合会場はメキシコで、応援も少ないアウェイです。

また、チャンピオン有利の判定が下されることが明白なので、元々の実力差があるにもかかわらず、KOで勝つしか道はありませんでした。

試合に向かう飛行機のなか、玉越強平選手はモハメド・アリの「この試合に勝ったら、わたしはずっとチャンピオンでいられる」という言葉を目にし、飛行機のなかから試合まで、何度も何度も休まずマインドセットしていたとインタビューで述べています。

そしてWBC世界スーパーフェザー級ユースタイトルマッチで、圧倒的な不利な試合にもかかわらずダンテ・ハルドンに勝利しました。

「これを達成したら（条件、行動）」＋「こうなる」（理想の状態）

これは、短いフレーズですが、最強のマインドセットです。

「合格したら、告白して彼女をつくる」

というようなマインドセットで、受験勉強をがんばっている人を見たことはありませんか？

「受賞したら、小説家になれる」

と思えるから何度も挑戦することができ、

「オーディションに合格したらアイドルになれる」

というマインドセットを持っている人だけが、苦しい練習にも耐えられるのです。

理想を達成するために努力ができるのは、人間だけ。

・すべて食べるのを我慢して、種を残し農業を行う

・危険を冒して、もっと安全な住める場所を探す
これを繰り返すことで人類は何千年も進歩をしてきたのです。

18　セルフイメージ

目標をセットしてイメージをふくらませていく

人はイメージした通りの人になる傾向があります。

たとえば、韓国ソウル大学ジンユン・チェ氏の研究では、59～84歳を対象に、脳の灰白質の量計測と同時に、認知テストを行いました。

その結果、
・自分を若いと思っている人のほうが、認知テストの成績がよく、自分自身をダメだと思い込んでいる人は成果が出ない
・「自分は絶対に大丈夫」と思っている人ほど、成果を出せる
・自分は若いと思い込んでいる人ほど、見た目も若い
という傾向があったそうです。

「本人ができると思えばできる。できないと思えばできない。どちらにしてもその人が思ったことは正しい」Ｂｙ　ヘンリー・フォード

このように、人はいい思い込みをすればその通りの人間になることが可能です。セルフイメージで自分の能力を制限してしまわないようにしましょう。

セルフイメージとは「自己評価」です。自分がどのような人間なのかと思い込んでいるのか？ということです。

セルフイメージは過去の経験（思い込み・無意識・周囲の影響・失敗等）からつくられたもので、そして行動、感情、態度、スキルに影響し、セルフイメージと違った振る舞いができにくいため、あなたの人生を決めています。

しかしあくまで思い込みなので、理由や根拠は必要ありません。理想のセルフイメージを決めてしまえばいいのです。

人はイメージした通りの人になる傾向があります。

ある大学の調査で、お金持ちになる人とそうではない人の違いを調査したところ、「あなたはお金持ちになれますか？」という質問に対して「いまお金持ちではなくても、将来お金持ちになれる」と答えた人が、お金持ちになったそうです。

育った環境や学歴や能力は関係なく、このマインドセットが大きな鍵を握っているのです。

「こんなわたしが（理想のセルフイメージ）」＋「これを達成したら（条件、行動）」＋「こうなる」（理想の状態）という目標をセットし、イメージをふくらませていきましょう。成功のマインドセットがさらに強力になるはずですよ。

19　マインドセットの有無で理想の達成率が変わる

理想の達成にはマインドセットが欠かせない

人は、何か達成したいことがあるときにマインドセットをしています。

でも人間は忘れてしまう生き物です。マインドセットしたこと自体を忘れてしまうので、常にマインドセットをし直しましょう。

このマインドセット方法をわたしに教えてくれたのは、あるスポーツの元日本代表選手小林さんです。

アスリートの日常は苦しいトレーニングをこなす必要があるため、「マインドセットが日課」と言っていました。

このとき、わたしは過去の数々のダイエットを思い出しました。

個人的な話で恐縮ですが、わたしは何度もダイエットに失敗しています。

それなのに、過去2回、2カ月月で8キロ痩せたことがあります。その理由は会社員のとき、会社に美人が入社したからでした。わたしは美人を見るたびに、「痩せてカッコよくなる」というマインドセットをしていたのです（笑）。

小林さんによると、

・マインドセットとなる1行をつくり、朝晩唱える
・ビジョンボードをつくる
というように、常にマインドセットを行い続けることで、理想の結果を手に入れることができるのだそうです。

忘れないように、朝晩マインドセットをする

すべてのことに言えるのですが、最終的には、何かしらの「目的」がある人が物事を成し遂げています。

ダイエットしてどうなりたいの？

病気を治したら何をしたいの？

お金を稼いだら何を実現したいの？

というように、達成する目的に目を向けることが大切なのです。わたしも小林さんから習ったアファメーションをつくり、実際に実践してみました。

(例) ダイエット

「意志の強いわたしが＋ダイエットに成功すれば＋ずっとカッコよくライダースジャケットを着られる」

ちなみにダイエットに取り入れた内容は次の3つです。

・50回噛む
・野菜から食べる
・糖質を一定量にする

我慢をするとストレスになり、リバウンドにつながるため、無理せずラクに続けられる行動だけを選びました。

柔道の谷亮子選手がインタビューで述べていましたが、アナウンサーから「練習は苦しいですか？」と聞かれると、「いいえ楽しいです」と答えていたそうです。

毎日、「今日はどんな練習をしよう」、と考えるのが楽しくてたまらなかったそうで、練習のアイデアがあふれてきたそうです。

ですから、行動は我慢することよりも、楽に続けられることが重要です。

人間は基本的に楽しいことのほうが続けやすい性質があります。

ダイエットは一番わかりやすい目標達成でもあります。

今回はダイエットでしたが、このマインドセットによる目標達成は、あらゆることに流用できます。

上記の人間の持つ想像する力を、マインドセットに取り入れていきましょう。

わたしが朝晩このマインドセットを実行したところ、2週間で簡単に3キロ痩せました。

20　成功は偶然の産物で、原因と結果に因果はない

成功は人の数だけある

世の中を見渡せば、成功の方法がたくさんあふれています。それだけ、みんな成功したいのです。日本の自動車産業が成功したのは、戦争に負けて、飛行機がつくれなくなり、日本のリソースを集中させることができた業界が、たまたま成長産業で時代にマッチしたからです。

任天堂のゲームのポケモンは20年以上のロングヒットですが、妖怪ウォッチは短期間でブームが去りました。でも、ユーザーのゲームの評価などはよいため、衰退した理由はよくわかりません。

つまり、成功は時代や環境が偶然整い、そこにたまたまマッチしたに過ぎません。

でも人は、成功するとそれを正しいやり方だと思い込み、

「わたしのようになれ、わたしのような考え方をしろ、わたしのような考え方をすれば、成功する」

「わたしが2人いれば、会社はもっと大きくなる」

と、自分の価値観を相手に伝えてしまいます。

まずは、あなたが成功したのは偶然であることを知りましょう。たとえば『バビロン　大富豪の教え』（ジョージ・S・クレイソン／文響社）にはこう書かれています。

①収入の10分の1を貯金せよ

②欲望に優先順位をつけよ
③蓄えたお金を働かせよ
④危険や天敵からお金を堅守せよ
⑤よりよきところに住め
⑥今日から未来の生活に備えよ
⑦自分こそを最大の資本とせよ

たしかにこれらのことは、やればできるかもしれません。でも、できないから問題なのであり、読むだけでもやった気になってしまうのも問題です。成功の本もダイエットの本も、世の中にはたくさんあります。もちろん、記載されている通りにすべてを実行すれば、結果が出るはずです。とはいえ、活用できないのは、自分に都合よく解釈してしまうからでしょう。成功のノウハウは、存在しているようで、存在していません。成功法則をありがたがる人は多いのですが、成功の原因と結果に因果はなく、したがって再現性も低く、運の要素が強いのです。２０２２イグノーベル賞・経済学賞のテーマ『能力がある人ではなく、運のいい人が成功する理由を数学的に説明』で解説されているのでご興味のある方はご覧ください。通ってきた道が、正解なだけです。

成功のノウハウは達成した瞬間から劣化する

わたしがお伝えしている量産化の方法にも、鮮度があります。

マニュアルをつくったらそのままにせず、どんどんブラッシュアップしていきましょう。

そうしなければ、学校の校則のように、いつの間にか時代や環境にまったく合わなくなっていることもあり得るからです。

わたしは住宅会社に入社して、営業マンとして働いていました。

その当時、「営業マンは足で稼げ」と言われていて、お客様の家をひたすら訪問するというのが基本スタイルでした。

わたしはそれが嫌で、ネットでブログを書いたり、手紙を書いたりしていたものです。

最初は結果が出なかったのですが、そのうち、セールスしないのに売れるようになっていきました。

お客様から「買いたい」と言われるようになって、当時はほかの社員が誰も行っていない方法で契約できるようになったのです。

ただ、いまの時代、この方法が絶対にいいとは思いません。

成功した方法も、その瞬間から劣化します。

時代は常に変化し、自分の感覚も常に変化させないと時代の変化に遅れていきます。

若い人の価値観に違和感を感じるなら、若い人の感覚を疑うのではなく、自分の感覚を疑いましょう。

もしあなたが、若い世代のファッションや行動を疎ましく思うなら、あなたの感性が時代についていけていない可能性があります。

あなたはＷｉｎｄｏｗｓの旧型のようなもの、そして、若い世代の子はＷｉｎｄｏｗｓの新型です。

若い世代は、これからの時代の変化に対応して生まれてきた人です。

時代にとり残されないように、

「上司を敬え」

「礼儀がなっていない、非常識な行動をするな」

「ＬＩＮＥで休暇や退職を連絡するなんて、あり得ない」

「忘年会に出なさい」

といった古い価値観を見直して、若い世代に学ぶ感覚を持ちましょう。

21　会社の成長ステージ

成長曲線を踏まえて、現状を把握する

すべてのビジネスは、「導入期　⇓　成長期　⇓　成熟期　⇓　衰退期」をたどります。

あなたの会社は産声を上げ、スクスクと成長し、絶頂期を迎え、やがて衰退していくものなのです。

でも、ビジネスが成長しているときには、失敗や将来の陰りを考えることは少ないでしょう。

２００８年９月12日時点で日本のマーケットに上場されていた銘柄数は３８９２銘柄でした。

これが、２０１８年７月31日には３７４０銘柄となり、１５２社減少しています。

〔会社の成長曲線〕

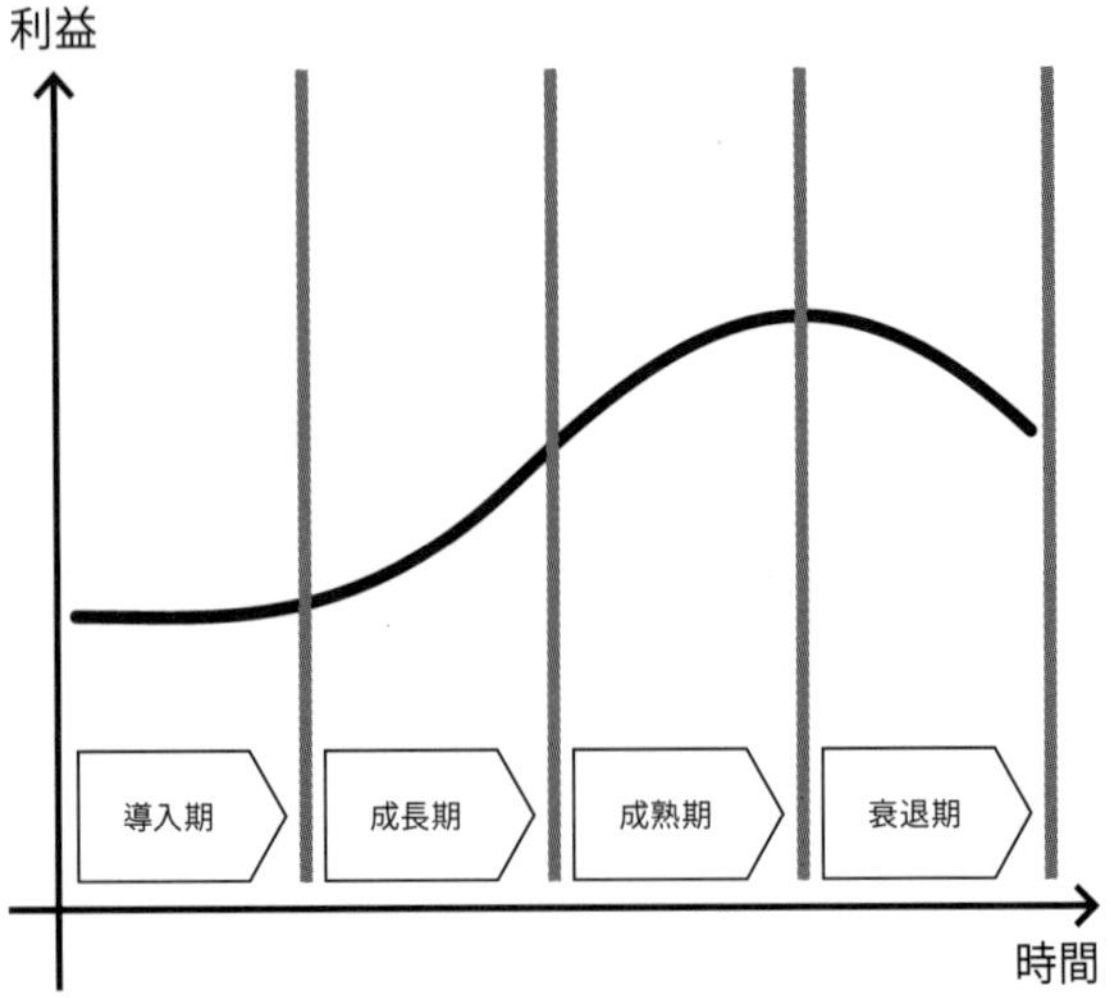

新興市場から台頭してきた新規銘柄が136社あったため、全体の減少幅は相殺されていますが、実際にマーケットから姿を消した銘柄は280社もあったのです。

成功すると、自分の能力を過信してしまいがちですが、その栄光も、たまたま時代や環境にマッチしたに過ぎません。

人生は一度きり。どんな人も、起業もはじめて、経営もはじめて、マネージメントもはじめて経験します。だからこそ、同じ成長曲線をたどる傾向があるのです。

会社が大きくなると、安泰になる幻想に包まれます。でも、会社が大きくなると問題も大きくなるものです。

タイタニックのように、大きくなると急旋回などの身動きが取りにくくなってしまうかもしれません。

実際に、トヨタも創業当時は豊田自動織機という機織りの会社でした。アップルに至ってはブルーボックス（電話回線を不正利用して無料での長距離電話を可能にする機械）を販売するところからはじまっています。時代は変化するので、時代に合わせたビジネスモデルを生み出し続ける必要があります。

成功しているときほど危ない

多くの企業は、絶頂を迎えたときに失速する出来事が起きます。

「かっぱ寿司」を展開するカッパ・クリエイトホールディングスは、１９７９年に創業し、２０１０年に回転寿司業界トップの座に躍進しました。

１皿90円台という低価格の寿司が消費者の心をつかんだこと、そして大型店舗の出店によって客数を増やしたことで、売上高と営業利益ともに大きく伸ばしたのです。

２００８年に起こったリーマンショック後の大不況時でも、低価格路線が支持され、収益を上げ続けました。

ところが、その後は外食業界全体において低価格競争が激化し、２０１０年にトップになった翌年の２０１１年2月期から減益に転じ、２０１４年にはコロワイドに身売りしています。

そのほかにも、スマートフォンが出現したことにより、それまで隆盛を誇っていた商品やサービスが、あっさりと衰退してきています。

・ＴＶ電子辞書
・カーナビ
・デジタルカメラ
・パソコン
・ヤフオク（ヤフーオークション）
・ガラケーゲーム
・ｉモード

「勝って兜の緒を締めよ」という諺もありますが、絶頂のときにこそ注意が必要です。人は「この先もずっとうまくいく、自分は天才じゃないのか」と過信し、間違った投資をしがちで、それが致命傷にもなりかねません。もちろん、だからといって、「投資をするな」ということではありません。

業績がいいときは、あやしい儲け話や、信じていた人からの裏切り、時代の変化など、どんなに社長の能力が高くても、会社の業績に深刻な影響を与えるような出来事が起きるものです。そのようなことに、細心の注意を払っても、コロナやリーマンショックなど回避できない出来事は起きます。ですから深刻な出来事ごと、「想定内」で考えていきましょう。

たとえば売上の●％、労働時間の●％は新規サービスなどの新しい挑戦（導入）への投資をするなどがおすすめです。

ジョンソン・エンド・ジョンソンは、66年連続増収をしている企業です。大きな強みの1つとしては、研究開発への積極性があげられます。

もっとも、ヘルスケア業界においては研究開発費に多額の資金を注ぎ込むことは一般的なのですが、ジョンソン・エンド・ジョンソンは毎年継続的に売上の15％前後を研究開発費に充てています。

また、M＆Aにも積極的です。小さな「導入期　⇓　成長期　⇓　成熟期　⇓　衰退期」を繰り返すことで、うまく右肩上がりに成長しているのでしょう。

量産化をするには、このような種まきはとくに重要です。

22　量産化のしくみは、マイナスにも働く

組織が大きくなっても、ルールは定期的に見直す

ここまで標準化のプラス面を中心にお話ししてきましたが、量産化がネガティブに働くこともあるので、その点についても触れておきます。

企業でネガティブなことが発生すると、責任を取りたくないために、新しい書類ができ、何をするにも印刷した書類に各部門の担当者や上司の印鑑が必要になるなど、ルールが増えることに…。

すると、決断・行動が遅れ、スピードでライバルに負けることが多くなります。

標準化のしくみがプラスの方向に向かえば、会社は拡大、長期経営化に向かいますが、マイナスに向かえば、ブレーキになり、組織の機動力を奪ってしまうのです。

多くの場合、会社が大きくなると、「謎ルール」や「非効率ルール」が増えるものです。

会社組織で上司の捺印が必要な書類があるために、「コロナのときも完全リモートができず、捺印のために会社に出社する」といった話も実際に耳にしました。

ある程度は避けられないことでもありますが、やがてこれが原因で企業は弱ります。

定期的なルールの見直しができるのかどうかは、企業の存続に大きく影響するでしょう。

会社がどんなにいい状態であっても、定期的にルールを見直し、ブラッシュアップすることを心がけたいものですね。

23　現状維持から抜け出す

未来への投資をする

ビジネスを成長させたければ、未来への投資をしましょう。

現状維持にこだわり、今日と変わらないことをずっと繰り返しても、違う未来は訪れません。

・お金の投資
・時間の投資

といった未来への投資をするから、企業は進化できるのです。

これは、ただやっている気になるのではなく、会社の経理を学び、「未来にどれくらいお金と時間を投資しているのか？」をはっきりさせることです。

たとえば社長が朝礼で、自分の考えや方針を話す習慣がある場合。時間はかけているかもしれませんが、お金をかけていません。

「本人が勝手に学ぶものだ」と、教育にお金をかけるのは無駄であると考える社長は多いのですが、教育にお金をかけるなら、上司が部下に教える時間も評価に組み込み、相応のお金を払うようにしましょう。

経営には、マーケティング、経営、マネージメント、経理などさまざまな知識が必要ですが、膨大な時間がかかります。お金をかけずとも、自ら経験すればやがて身につくものですが、時間は有限です。ですから、経験者の知識をお金で買って時間短縮しましょう。

本を買う、講座を受講する、プロに依頼する、といったことが、選択肢として必要なのです。

24　プロにかなわないことは、プロに依頼する

物事が成し遂げられないのは、継続できないから

継続しＰＤＣＡを回していけば、ほとんどのことは成功します。

でも、それを続けられないのが人間というもの。ダイエットも失敗するし、健康管理のために早寝早起きして、8時間睡眠をとるのすら難しいのです。

継続する方法は、プロに依頼することです。ダイエットも、ダイエット外来に通院したほうが成功率は上がりますし、禁煙も禁煙外来に通ったほうが成功します。

前述のリブランディングなども、企業再生の肝となりますが、もともと自浄作用を持っていれば会社は悪くなりません。

リブランディングでも、教育でもその道のプロに依頼をして、対策を打っていきましょう。

マーケティングも教育も経営もプロの力を借りる

通販で成功した青汁王子こと三崎優太さんが話していましたが、てっきり商品開発を自社でやっていると思っていたら、商品開発はマーケティング会社がリサーチして、その結果、商品の提案を受けたなかから商品をチョイスしていたそうです。

さらに、商品をつくるのも、工場に委託して生産。その道の専門分野の専門家にはかないませんし、そもそもそれが好きでなければ学び続けられません。

技術を使うこと、マーケティングの両方が得意な人は少ないものですが、こうして組み合わせることで、ビジネスをつくることもできるのです。

自己変革は、自分の想像の範囲でしか変化を生み出せません。

過去の歴史を見ても、変革は外部の力が入ったときだけなのです。

これは黒船来航から現代まで変わらないことを、知っておきましょう。

25　迷ったら、尊敬する人を思い浮かべる

尊敬する人の視点で物事を見る

ビジネスが失敗する理由は、感情で判断をしてしまうことです。

感情判断を極力排除して、数字や結果でのみ判断をする。判断基準もあなたの価値観を排除して、同じ基準で、誰でも同じ判断ができるようにするのがおすすめです。

もちろん、最初からすべてを標準化、量産化する思考ができるわけではありません。

でも経営者は、常に判断をしなければいけない環境に身を置いています。

まだ量産化が整っていない状況や誘惑に負けそうなとき、どう判断していいのかわからないときに有効なのは、自分以外の発想を手に入れることです。

あなたがもし何かの決断に迷ったら、

「尊敬する人は、この状況でどう決断するだろう」

と考えてみてください。

わたしの場合、尊敬する宮崎駿さんならどう考えるだろう、とイメージします。

たとえば、やりたいことがあるけれど、会社をやめる勇気がない。そんなとき、宮崎駿監督ならどう考えるのだろう、堀江貴文さんだったらどう考えるだろうと考えるのです。

そうすると、判断がつきにくい問題も、判断しやすくなるでしょう。

26　誰をしあわせにするか、何人をしあわせにするのか？

より多くの人をしあわせにしよう

本来あなたのビジネスは、誰かの何か叶えたいことを実現する商品やサービスのはずです。

あなたの、しあわせにする人と数のステージはどこでしょうか？

・1人をしあわせにする
・10人をしあわせにする
・1000人をしあわせにする
・10000人をしあわせにする

サービスを受ける対象を考えたときに、人数によって必要なツールも変わってきます。

わたしはコンサルタントをしていますが、この仕事をなぜやっているのかと言うと、目の前の相手をしあわせにしたいからです。

しかしコンサルタントは、時間の切り売りビジネスなのでわたし自身が対応し、しあわせにできる人数には限界があります。もっと多くの人をしあわせにするなら、違うツールが必要なのです。コンサルのノウハウを、講座にしたり動画にするのも1つの手ですが、ここにも数に限界があります。

もっと多くの人に届ける方法を考えたとき、今回の書籍の出版に至りました。もしも、さらに多くの人に届けるとするならば、そのツールは、映画や音楽というものになっていくでしょう。

わたし個人は、より多くの人をしあわせにしたいので、最終的には「物語」をつくるつもりです。誰にでも理解できて、多くの人に届けることができる。

わたしにとってここが、現在の目標なのです。

そして、これこそが、本書でお話ししてきた量産化、教育、ステージ分けの考え方に当たります。

大きな目標を叶えるには、逆算で考えるのがコツです。

最終的なゴールは、人生のゴールは何かになりますが、ここではわかりやすく、ビジネスの完成形をイメージしてみてください。「完成する1年前はどんな状態なのだろうか?」を考えて、いまにつながればいいのです。大きな理想の小さなサイズからはじめましょう。はじめてみるとできそうにもなかったことでもやっていくうちに意外とできていることに驚くはずです。

そしてビジネスのゴールは、人生のゴールを叶えるためのツールの1つにすぎません。

さまざまな実例を交えながらお話ししてきましたが、どのような業界の方でも、皆さんの実践のヒントになりましたら幸いです。

おわりに

ビジネスを拡大させるためには、どのくらいの時間が必要だと思いますか？

中小企業白書のデータによると、営業利益の平均は１４００万円ほどです。そして、

・総資産5億以上の企業が全体の15％程度
・純資産2億超の企業が10％程度

となっています。営業利益の平均から考えると、約30年ほどでしょうか。つまり、ビジネスをスケールさせるにはかなりの時間がかかるということです。ビジネスを成長させるには、少なくとも

(1) 商品・サービスをつくる
(2) マーケティングを学ぶ
(3) 教育・マネージメントを学ぶ
(4) 財務や経理を学ぶ

という4つが、長期的に成長していくためには必須となります。でも、(1)~(4)までのポイントを学び続けるためには、コストも時間もかかります。どの経営者にとっても、すべてははじめての経験になるでしょう。そして当たり前ですが、人間、誰しもはじめてのことには苦戦するものです。

本書を見ていただければわかるように、過去のパターンを分析することで成功例や失敗の対策を見つけることは可能ですが、多忙な経営者にはそれも簡単ではありません。分析をもとに対策を考

えることにも得意不得意があるでしょう。わたし自身は、コンサルタントという立場上、これまでに200社以上のビジネスを見てきました。

分野や業界を問わず多くの人がつまずくポイントをスムーズに乗り越えられるように、と願い本書を執筆するに至りました。本書には、壁にぶつかったときに立ち止まる時間を、できる限り短縮できるような秘訣をまとめています。ビジネスとは本来、どこかの誰かをしあわせにするものです。ビジネスが大きくなれば、しあわせな人がどんどん増えていきます。あなたにも、人をしあわせにするための才能と能力が眠っているのです。「量産化」↓「教育」↓「ステージ」この順番でビジネスを見直し、構築していきましょう。それにより、社員がしあわせになり、お客様がしあわせになり、地域、社会、国、世界がしあわせになっていきます。そして、想いがしっかり人に引き継がれていけば、会社はどんな時代の波のなかでも、長く続いていくことができるのです。

最後に、これまで、自分の力でがんばって結果に繋がったということは何一つなく、出会った人の助けによって叶えられてきました。本書を出せたのも、本書を書くためのヒントを得られたのも、㈱サイラスコンサルティング代表の星野友絵さんとの出会いがなければ、一生実現することはなかったと思います。心から感謝いたします。また、今回の出版の機会をいただいた㈱セルバ出版の森忠順社長、ありがとうございました。

本書が、多くの人の、しあわせ拡大の一助になれましたら幸いです。

上嶋　悟

著者略歴

上嶋　悟（かみじま・さとる）

ネットコンサルタント
建築関係の売れない営業マン時代に住宅会社にスカウトされ、マーケティングを駆使した販売スタイルに変えたところ実績が急上昇。医療関連の会社に転職し、新規事業で長野県のシェア１位を獲得。

副業として、オリジナルシルバーアクセサリーの製造販売、ネットショップをはじめる。アクセサリーだけでなく、いままでの経験や得意分野などもブログ記事にしたところ、月間20万アクセスを記録。

その後地元のウェブ制作会社に転職し、２年間で60件の受注を獲得。瀕死状態だった小さな会社が躍進する。ネット集客の経験や知識を提供した会社でも、同様に集客に成功。

倒産寸前だったある会社では、ホームページの一部を修正し、ブログを書き始めたことで、半期で売上400万円から、２年間で売上１億7000万円に業績が大幅にアップ。以後、のべ200社の業績アップに関わる。

現在は、「終わらない夢を描き、自分の力を信じ、才能を自由に表現し、喜びと価値を手に入れる人が増えてほしい」という想いで、ビジネスで自分もまわりもしあわせにしたい人を培ってきたノウハウをもとに、コンサルティングを行っている。

主な著書に、『90日で稼ぎ続けるホームページをつくる方法』『読むだけで想像以上の未来が手に入る本』『90分で人が押し寄せるＬＰをつくる方法』（Kindle）がある。

企画・編集協力　星野友絵・大越寛子（silas consulting）

儲かる会社のつくり方大全

2023年７月21日　初版発行　　2023年８月23日　第２刷発行

著　者　上嶋　悟　© Satoru Kamijima

発行人　森　　忠順

発行所　株式会社 セルバ出版
〒113-0034
東京都文京区湯島１丁目12番６号 高関ビル５Ｂ
☎ 03（5812）1178　　FAX 03（5812）1188
https://seluba.co.jp/

発　売　株式会社 三省堂書店／創英社
〒101-0051
東京都千代田区神田神保町１丁目１番地
☎ 03（3291）2295　　FAX 03（3292）7687

印刷・製本　株式会社 丸井工文社

Printed in JAPAN
ISBN978-4-86367-827-9